1424795   LA 915.4

CU00936158

diolch i 'nhrwyn

TORFAEN LIBRARIES
WITHDRAWN

Book No.   1424795

I Mam a Dad am fy ngosod i ar y rêls,
i Sion a Dewi am fy nhynnu fi oddi arnyn nhw,
ac i Gethin a Dafydd sydd yn ddigon ifanc i
beidio gwybod amdanyn nhw!

R Arwel Jones

diolch i 'nhrwyn

y Lolfa

Argraffiad cyntaf: 2002

Ⓗ Hawlfraint: R Arwel Jones a'r Lolfa Cyf., 2002

Ffotograffau: Rocet Arwel Jones
Cartwniau: Sion Jones
Map: Dafydd Saer

Mae hawlfraint ar destun a lluniau'r llyfr hwn ac mae'n anghyfreithlon
i'w llungopïo neu atgynhyrchu trwy unrhyw ddull (ar wahân i bwrpas
adolygu) heb ganiatâd ysgrifenedig y cyhoeddwr ymlaen llaw.

TORFAEN
COUNTY
BOROUGH

1424795

| Camelot | 2/10/02 |
| | £6·95 |

yLolfa

ISBN: 0 86243 614 1

Cyhoeddwyd ac argraffwyd yng Nghymru gan:
Y Lolfa Cyf., Talybont, Ceredigion SY24 5AP
e-bost ylolfa@ylolfa.com
gwefan www.ylolfa.com
ffôn +44 (0)1970 832 304
ffacs 832 782
isdn 832 813

Cyflwyniad

''Nes ti *actually* fwynhau dy hun?' Dyna oedd ymateb y bobol gynta ddarllenodd y llyfr hwn. Mae o'n gofnod sydd fwy neu lai yn gwbwl gywir o gyfnod byr nes i dreulio yn Rajasthan, yng ngogledd-orllewin yr India ar ddiwedd 1999. Nid llyfr taith mohono. Dyddiadur ydi o – dyddiadur yn llawn o droeon trwstan ac o helbulon Cymro diniwed yn crwydro ar ei ben ei hun mewn gwlad fawr ddieithr. Ges i wireddu breuddwyd, ac ymhlith y cofnodi myfiol, dwi'n gobeithio y cewch chi gip ar beth o'r wlad ac ar rai o'r bobol. Do, nesh i fwynhau – gobeithio y gwnewch chithau fwynhau hefyd.

Diolch i bawb sydd wedi bod ynghlwm â'r gwaith yma wrth ddarllen, golygu a dylunio – mae pob camgymeriad a erys yn perthyn i mi, ac i mi yn unig!

Rocet
Aberystwyth
Mehefin 2002

Tacsi i'r tywyllwch
15 Tachwedd

Roedd hi'n bedwar o'r gloch y bore ac ro'n i'n ista mewn
tacsi diarth, mewn dinas ddiarth, efo gyrrwr diarth, a heb yr
un syniad ble ro'n i'n mynd nac o lle o'n i wedi dod. Ro'n
i wedi cael fy herwgipio. Pwy fydda'n talu amdana i?
Roedd y clychau'n canu – roedd hi'n amser cachu brics.

    Gan 'mod i'n cyrraedd yr India am dri o'r gloch y bore,
ro'n i wedi bod yn ddoeth a rhesymol ac wedi trefnu
gwesty i mi fy hun.

Dal tacsi o'r maes awyr a chyrraedd y Kailash Inn.

'Bore da, dwi wedi archebu stafell. Jones o Gymru.'

'O, mae'n ddrwg 'da fi, syr, ma 'da ni grŵp mawr yn aros yma ac mae'r gwesty'n llawn. Does dim lle i chi, syr.'

'Shit.'

'Peidiwch poeni, syr. 'Wy wedi trefnu rhywle arall i chi aros, smo fe'n bell. 'Na'i alw tacsi.'

Daeth y tacsi, ond do'n i ddim yn gwybod ble'r oeddwn i nac i ble'r oeddwn i'n mynd. Roedd y gyrrwr yn fawr ac yn llywath ac i bob pwrpas yn fud – neu doedd o ddim yn dewis siarad efo fi o gwbwl.

Arhosodd y tacsi. Diolch byth, gwely! Ond na, doedd un twyll ddim yn ddigon, roedd rhaid i'r gyrrwr tacsi dwyllo'r perchennog gwesty oedd wedi fy nhwyllo i. Mi arhosodd o ymhob un gwesty lle'r oedd genno fo fêts yn gweithio, er mwyn trio ennill comisiwn iddo fo'i hun. Ond doedd dim lle yn yr un llety. Erbyn hyn ro'n i'n dechrau gwylltio.

'Gwranda'r diawl! Dos â fi i'r gwesty mae boi y lle cynta wedi'i drefnu.'

Cychwyn eto, a gyrru'n ddall i ganol y ddinas mewn tawelwch trwm.

Ro'n i wedi meddwl yn siŵr na fyddai modd i bethau waethygu ar ôl y maes awyr. Roedd hi wedi cymryd oes i mi lusgo at y ddesg basbort; ac ar ôl cyrraedd yno doedd y gwalch bach wrth y cownter ddim yn coelio mai fi oedd y boi yn y llun. Be o'n i i fod i'w wneud? O'n i i fod i wenu? Fyddai hynny'n gwneud imi edrych yn euog? O'n i i fod i wgu? Fyddai hynny'n gwneud imi edrych yn fygythiol? O'n i fod i edrych yn cŵl? Sut fedrwn i fod yn cŵl? Ro'n i'n sefyll yno ers bron i ddeng munud o flaen rhyw gyw-swyddog, a hyd y gwelwn i doedd o ddim yn coelio mai fi oedd y boi yn y llun ar y pasbort. Mi ofynnodd y swyddog farn ei gydweithiwr ar y ddesg agosaf, a'r un ar y ddesg draw wedyn; mi ofynnodd o i'w ddau frawd a'i dad a'i hen-daid, hyd y gwelwn i, ond doedd neb yn nabod y boi yn y llun. Mi safodd y cyfan ohonyn nhw yno'n syllu'n amheus arna i.

Yn y diwedd, wrth weld y ciw tu ôl i mi'n cynyddu, yn hytrach nag o unrhyw argyhoeddiad mai fi o'n i, mi ddaeth 'na hen ŵr o rywle oedd yn fodlon rhoi ei ben i dorri mai fi oedd y boi yn y llun ac arwyddo ffurflen i'r perwyl hwnnw.

'Dy drwyn di.'

Dyna'r cyfan ddywedodd y swyddog oedd wedi fy nghadw fi cyhyd. Roeddan nhw wedi fy ngadael i i mewn i'r wlad achos fod y trwyn yn y llun yn ddigon amlwg ac yn ddigon tebyg i'r un ar fy wyneb i! Ar ôl oes yn ei felltithio fo, o'r diwedd roedd gen i achos i ddiolch i 'nhrwyn!

Mi dreuliais i ddwy flynedd mewn gwersi Daearyddiaeth Lefel A yn breuddwydio am y daith yma. Erbyn yr arholiad roedd 'na filoedd o ystadegau'n nofio yn fy mhen i, fel penbyliaid gwallgo mewn pot jam, wedi eu tynghedu i fod yn farw-lonydd cyn pen dim. Ond, y tu ôl i'r ffeithiau roedd 'na freuddwyd niwlog yn llechu am wlad oedd yn orlawn o olygfeydd rhyfeddol a phobol egsotic, o hanes lliwgar a phresennol ffyrnig.

Dros ddeng mlynedd yn ddiweddarach dyma'r niwl wedi chwalu a dwi â 'nhraed ar dir yr India. Wel, dwi mewn tacsi ym mherfedd tywyllaf Delhi, ac wedi fy herwgipio gan yrrwr mud a phendwp.

'Lle 'dan ni'n mynd?'

Dim ateb.

'Deud wrtha'i lle 'dan ni'n mynd. I ba westy ydan ni'n mynd? Enw? Gwesty?'

Waeth i mi adrodd 'Rhodd Mam' iddo fo ddim! Aros eto. Roedd o ar goll. Cychwyn drachefn, ac aros tu allan i ryw adeilad mawr.

'Gwd lle!' meddai'r llymbar gwirion, efo gwên dwp ar ei wep. Daerwn i mai acen Llambed oedd ganddo fo – ac o ystyried hoffter yr Indiaid o daro bargen galed, synnwn i ddim mai yma mae'r Cardis yn dod i roi sglein ar eu crefft.

Edrych allan a darllen 'D.T.S. Excellent Modern Furnishings' – roedd o'n trio fy nghael i i aros mewn siop ddodrefn! Dyma wylltio, ac er nad oedd yna fawr o Gymraeg rhyngddaf fi a'r llo gwlyb oedd yn gyrru, myll 'di myll a phŵd 'di pŵd ymhob iaith yn y byd. Mi gafodd o'r neges a throi'n ôl i'r gwesty gwreiddiol. Er na ches i ddim gwely, mi ges i gyfeiriad fy llety newydd. O leia roedd gen i syniad i ble o'n i'n mynd rŵan.

Cyrraedd y Preet Palace o'r diwedd, a'i throi hi am fy ngwely ar ôl cytuno wysg fy nhin i dalu i'r llwdwn gyrrwr, a dyna 200 rupee wedi mynd. Ond, roedd rhaid dioddef un hunllef arall cyn cael cysgu. Biwrocratiaeth. Doeddwn i ddim yn mynd i gael rhoi fy mhen i lawr heb lenwi ffurflen: dyddiad, cyfenw, enwau cyntaf, cenedl, dyddiad geni, oed, rhyw, rhif pasbort, dyddiad a ble y cynhyrchwyd y pasbort, rhif *visa*, dyddiad a ble y cynhyrchwyd y *visa*, o ble daethoch chi, i ble 'dach chi'n mynd, dyddiad cyrraedd y gwesty, dyddiad gadael y gwesty, llofnod – ac wedyn yr un peth yn union eto. Dydi papur carbon ddim wedi cyrraedd yr India, mae'n debyg.

Gwely. Stafell iawn. Doedd dim diben disgwyl gormod o foethusrwydd, wrth gwrs. Cwsg. Cnoc ar y drws. Dŵr a sebon. Gwely. Cnoc arall. Brecwast rhwng saith a naw. Gwely. Cwsg. Llais wrth y drws. Mae'r gwely'n costio 1,700 rupee… Iawn. Gwely. Cwsg. Deffro. Mil saith gant o rupees! Faint ydi hynny? Pedair punt ar hugain am y stabal yma.

Sut oedd disgwyl i mi gysgu? Ro'n i wedi bod wrthi ers misoedd yn darllen Y Llyfr drosodd a throsodd. Mi allwn i adrodd paragraffau cyfan o'r *Lonely Planet* ar fy nghof. Ynddo fo mae 'na restr o bethau i wylio rhagddyn nhw wrth deithio, yn enwedig yn ystod y dyddiau cynta, ac yn arbennig felly yn ystod yr oriau cynta – a rhag ofn eu bod nhw'n dweud celwydd, roedd rhaid i mi eu profi nhw i gyd fesul un, debyg. Yn y diwedd mi ddaeth cwsg i'r ffŵl gwirionaf ar dir mawr yr India!

O'r badell ffrio i'r tân
16 Tachwedd

Deffro. Fawr o awydd codi 'mhen oddi ar y glustog.
Meddwl am y miliynau o bobol oedd yn disgwyl y tu allan
i'r stafell 'ma yn barod i fy ngneud i a nhwyllo i a dwyn fy
holl rupees i. Tynnu fy leining sach gysgu ata i am gysur,
ond hen gadach tenau o beth oedd hwnnw, a doedd dim
modd gwasgu'r un diferyn o gysur allan ohono fo. Doedd
dim modd i mi ei dynnu o dros fy mhen i guddio, hyd yn
oed, roedd o mor denau roedd y byd i gyd i'w weld

drwyddo fo. Rhyw hanner awydd troi am Agra heddiw yn lle aros yn Delhi fel ro'n i wedi bwriadu. Rhyw hanner awydd troi am adra a dweud y gwir.

Cawod a brecwast ac mi fydd pethau'n well! Cawod oer, wrth gwrs, a brecwast gwaeth. Dau wy 'di'u berwi'n galed iawn – wyau gafodd eu dodwy gan ryw hen iâr dena oedd ar ei chythlwng, yn ôl y lliw gwantan oedd ar y melynwy, bara sych a the melys wedi'i foddi efo llefrith, dyna ydi *chai,* mae'n debyg. Troi'n ôl i 'ngwely a llai o awydd codi ohono fo na chynt.

Codi a phacio a llusgo i lawr y grisiau, ac allan i'r byd mawr budur maen nhw'n ei alw'n Delhi. *Dim ond* mil a chant o rupees gostiodd y gwesty wedi'r cwbwl – ella fod pethau'n gwella. Ddaliodd y bachgen oedd yn cario fy sach i gadair-injan i mi, ac efo'r haul ar fy ngwegil mi fentrais allan i draffig y brifddinas.

Unwaith nesh i eistedd mewn cadair-injan am y tro cynta, ro'n i'n gwybod y gallwn i dreulio pob munud o'r dair wythnos nesa yng nghefn un o'r rhain. *Auto-rickshaw* oedd yr enw swyddogol arni hi, ond doedd hi fawr mwy na chadair efo peiriant odani, mewn gwirionedd. Injan *two-stroke* yn gyrru tair olwyn dan gragen ddu a melyn, lle i yrrwr yn y tu blaen a lle i ddau eistedd y tu ôl iddo fo. Doedd dim drysau na dim i rwystro rhywun rhag disgyn allan. Doedd dim sysbenshion o fath yn y byd, oedd yn golygu 'mod i'n cael gwerthfawrogi pob twll a thwmpath yn y lôn. Doedd dim rhyngddaf fi a'r cerbydau eraill oedd ar y ffordd, a'r cyfan yn golygu 'mod i'n teimlo fel pe bawn i'n mynd ar wib wrth yrru trwy'r traffig, a phan oedd y peiriant ar stop, 'mod i'n eistedd a 'nhrwyn ym mhibell egsôst unrhyw fws neu lorri oedd yn digwydd bod wrth ymyl. Mae'r cerbydau bychain yma'n cario un neu ddau o bobol yn barchus, neu ddeg o blant ysgol neu dunelli o ddillad.

Mi gofiais i am benwythnos gwallgo dreuliais i yn Blackpool efo fy nau ffrind, Sion ac Ifas − penwythnos dreuliwyd rhwng y dafarn a'r trac rasio go-carts, a'n hyder ni wrth yrru'n cynyddu fesul peint oedd yn cael ei lyncu. Mi fyddai'r ddau wrth eu boddau yn y ras wyllt yma, lle mai'r unig reolau ydi gweiddi a rhegi a chanu corn. O fewn dim, a'r ddau ohonyn nhw'n chwerthin yn uchel yn fy nghlustiau, roedd Delhi'n lle gwell o'r hanner!

Rhoi cyfarwyddiadau i'r gyrrwr fynd â fi i'r swyddfa dwristiaeth, cyn ymlacio a mwynhau'r daith. Talu fy 60 rupee, cyn mentro'r holl ffordd ar draws y palmant i'r swyddfa. Golyga hyn argyhoeddi hanner dwsin o ddynion penderfynol nad o'n i isio mynd i'w swyddfeydd nhw, a'u sicrhau nhw 'mod i'n gwybod bod gwestai'r llywodraeth yn ddrud ac yn fudur ond 'mod i dal isio mynd yno. Cyrraedd tawelwch a llonyddwch y swyddfa, a chael hanes gwesty ar f'union. Roedd y ddynes oedd wedi rhoi cyfeiriad y gwesty i mi yn glên iawn ac i weld yn gwbwl effeithiol, ond, ar ôl iddi rannu ambell i sylw a winc neu ddwy efo'i chydweithwyr, ges i gyfarwyddiadau i fynd i siarad efo ryw ddyn oedd yn eistedd yn y gornel, creadur mawr boliog

oedd yn siarad yn gynllwyngar trwy'i fwstásh. Er ei fod o
yn y swyddfa, roedd o'n annibynnol ar bawb oedd o'i
gwmpas o, rywsut. Roedd ganddo fo ddesg iddo fo'i hun
wrth y drws, ac roedd o wedi gosod ei gadair yn y fath fodd
fel y gallai o redeg allan mor gyflym nes gadael ei fwstásh ar
ôl, petai rhaid – neu ella 'mod i'n hel meddyliau. Beth
bynnag, ges i hanes gwesty rhatach gan hwn, nesh i dalu be
allwn i o flaendal, llenwi dwy ffurflen gofrestru a chael
derbynneb yn eu lle. Ges i gyfarwyddiadau sut i gyrraedd, a
faint yn union i'w dalu am y gadair-injan – dim mwy na 15
rupee. Ro'n i newydd dalu 60 rupee!

Holi am gadair-injan i fynd â fi i'r Ashok Yatri Niwas
Hotel.

'30 rupee, syr,'
Chwerthin. '10 rupee.'
'30 rupee. Ma fe'n bell!'
'10 rupee.'
'25 rupee.'
Cerdded i ffwrdd yn flin iawn yr olwg.
'Ocê. Ocê. Yn sbesial i chi. 20 rupee.'
'10 rupee a dim mwy!'
'Ocê. Ocê. 15 rupee. 15 rupee.'
'Diolch!'
Dwi'n dechra'i deall hi!

Roedd y mwstásh boliog wedi disgrifio'r gwesty i mi, ac
wrth i mi wibio rhwng y gwartheg a'r bysys fe wawriodd
arna i 'mod i wedi darllen y disgrifiad yna yn rhywle o'r
blaen. Estyn Y Llyfr a darllen yr un disgrifiad yn union yn
fan'no. Roedd y gwesty wedi newid ei enw, ond doedd
dim dwywaith mai'r un lle oedd o – yr unig le roedd Y
Llyfr yn awgrymu'n gryf nad oedd neb yn mynd i aros
ynddo fo.

Mae'r rheolwr yn drychinebus, ac wedi bod yn
gosod y safon ar gyfer gwasanaeth sâl ers rhai
blynyddoedd bellach. Os oes gennych chi rywfaint
o barch at eich hunan-bwyll, peidiwch â hyd yn
oed *meddwl* aros yma. Mae'r weinyddiaeth yn
rhemp, y staff yn flin, y dillad gwely'n denau a'r lifft
yn gwbl annibynadwy. Mae'r golygfeydd o'r
lloriau uchaf yn arbennig, ond bod y ffenestri'n rhy
fudr i weld dim trwyddyn nhw. Chewch chi ddim
aros mwy na saith noson – os y gwnewch chi,
rydych chi'n haeddu medal.

Mae'n rhaid bod 'na ddiffyg mawr yn fy mhen i yn rhywle
a 'mod i'n methu gwahaniaethu rhwng darllen a deall.

Cyrraedd y gwesty, a'i gael o'n lle digon call yr olwg
wedi'r cwbwl. Roedd rhaid llenwi'r ffurflenni arferol. Tro
'ma roedd rhaid llenwi ffurflen wrth un cownter cyn iddi
gael ei gyrru trwy dwll yn y wal i swyddfa arall, tra ro'n i'n
symud draw i giwio wrth y cownter nesa. Ar ôl llenwi
ffurflen arall roedd y cyfan yn cael ei yrru'n ôl trwy'r twll
i'r swyddfa gyntaf, a finnau'n newid ciw drachefn. Y tro
yma, ro'n i'n cael goriad cyn cael fy ngyrru i drydedd
swyddfa er mwyn talu. Wedyn, ro'n i'n cael mynd i fy
stafell – stafell rhif pump, ar lawr un deg saith!

Roedd y stafell yn lân, ac roedd y ffenestri'n ddigon glân
i mi fedru gwerthfawrogi'r olygfa wych o'r smog dros y
ddinas. Dan y tarth gwenwynig yma mae saith dinas Delhi'n
cuddio, mae'n debyg. Dros y canrifoedd mae Delhi wedi ei
goresgyn drosodd a throsodd oherwydd ei safle ar lan afon
Yamuna. Mae'r ddinas gyntaf yn dyddio'n ôl fil o
flynyddoedd, ond mae 'na sôn am wareiddiad yma ddwy fil
o flynyddoedd cyn hynny. Heddiw mae hi'n cael ei
goresgyn gan lygredd.

Cau'r ffenest a gorwedd ar y gwely gydag ochenaid o ryddhad. Am y tro cyntaf, ro'n i'n teimlo 'mod i'n medru ymlacio a chysgu am eiliad neu ddwy cyn wynebu'r byd drachefn. Amharwyd ar fy hepian gan rywbeth oedd yn mynnu gwthio i mewn i fy nghoes i, rhywbeth oedd yn fy mhoced. Rhoddodd fwynhad mawr i mi ddarganfod 'mod i wedi anghofio gadael goriad fy stafell ar ôl yn y Preet Palace wrth adael bore 'ma. Yn anffodus mi ddigwyddodd o ddisgyn i'r fasged sbwriel ac mi es innau i gysgu'n dawel efo gwên ar fy wyneb.

Yn ôl y map, roedd Porth yr India, cofeb nid anhebyg i'r Arc de Triomphe, chydig gannoedd o lathenni o'r gwesty, felly ar ôl deffro a chynllunio'n ofalus be ro'n i'n mynd i'w weld a sut i gyrraedd yno, dyma fentro allan. Ro'n i'n barod i gerdded, er bod yna braidd o gadeiriau-injan yn frwd i arbed lledar fy sgidia. Allan o borth y gwesty a throi i'r dde yn barod i ddweud wrth y gyrwyr 'mod i'n mynd i weld Porth yr India a 'mod i'n cerdded, doed a ddelo. Cefais wared ar ddau yrrwr cyn i'r trydydd roi gwybod i mi 'mod i'n cerdded yn dalog i'r cyfeiriad anghywir! O fewn eiliad, roedd hynny o hyder oedd gen i ar chwâl ar hyd y palmant, ac fe esh i i eistedd yn wylaidd yng nghefn y gadair-injan. Pan awgrymodd y gyrrwr caredig ei fod o'n mynd â fi o gwmpas prif olygfeydd y ddinas am y diwrnod cyfan, doedd gen i ddim nerth i ddadlau.

Eistedd yno yn fy nghadair agored a theimlo rhywbeth yn cyffwrdd yn fy nghoes. Plentyn bach oedd yno.

'*Baksheesh*? *Baksheesh*? Un rupee, syr! Bwyd am un rupee, syr!'

Rhoi, ac yna gweld hanner dwsin o blant eraill yn cythru at y gadair wrth i ni wibio i ffwrdd.

'Ddylech chi ddim gwneud 'na, syr,' meddai'r gyrrwr.

Ond sut mae peidio?

Hogyn ifanc go dawel a thaclus ydi Alwar, y gyrrwr, a golwg reit ddeallus arno fo. Erbyn hyn roeddan ni wedi rhannu gwybodaeth am enwau a gwledydd a gwaith a chariadon ac, ia, hwn oedd fy niwrnod cynta i yn yr India.

Profiad rhyfedd ydi'r profiad o fod yn neb – trio egluro o ble dwi'n dod, ond neb wedi clywed am Gymru. Trio egluro mai Arwel oedd fy enw, a neb wedi clywed yr enw o'r blaen, a doedd galw fy hun yn Rocet yn gwella dim ar y sefyllfa. A chan nad oes fawr o neb yng Nghymru hyd yn oed yn gwybod be 'di archifydd, doedd dim iws trio hynny chwaith.

Ar ôl teithio o'r naill deml i'r llall ac aros mewn ambell i siop ble'r oedd Alwar yn cael comisiwn, aeth o â fi i barc cyhoeddus o'r enw Gerddi Lodi, lle nefolaidd, erwau gwyrdd tawel ynghanol bwrlwm gwallgo'r ddinas – lle delfrydol i ymlacio, lle i ddod yn ôl iddo fo. Roedd 'na adfeilion temlau yno, wrth gwrs, a choedwig o goed bonsai oedd yn gwneud i mi deimlo fel Gulliver wrth gerdded trwyddyn nhw. Ond, y peth mwya trawiadol am y lle oedd fod yna gariadon ymhobman. Chydig iawn o ferched sydd 'na i'w gweld o gwmpas y ddinas, beth bynnag, ac mae'n anghyffredin iawn gweld dyn a dynes yn cofleidio. Ond yn yr ardd yma roedd 'na gariadon ar feinciau, tu ôl i goed, ar ben waliau, dan y perthi, yn y perthi – ymhobman.

Roedd Alwar wedi mynd, felly doedd dim amdani ond cerdded yn ôl. Ro'n i wedi sylwi'n ofalus ar y ffordd yno sut roedd cyrraedd yn ôl i'r gwesty, felly doeddwn i ddim yn mynd i droi i'r cyfeiriad anghywir y tro 'ma. Gwrthod cydnabod yr un gyrrwr cadair-injan, nesh i ddim codi 'mhen i edrych ar yr un ohonyn nhw. Rhyw hanner milltir oedd hi i'r gwesty, ac fe ges i fy nilyn gan hanner dwsin o yrwyr bob cam o'r ffordd.

'I ble chi'n mynd?'

'Dwi'n cerdded.' Doedd *na* yn golygu dim iddyn nhw.

'20 rupee i Connaught Place.'

'Na. Dwi'n cerdded!'

'Ocê. Ocê. 15 rupee. Dewch nawr, syr. Dewch nawr.'

Gêm oedd hi. Doeddan nhw ddim yn meddwl 'mod i isio cerdded go iawn, chwarae efo nhw o'n i, trio cael y pris i lawr.

'Dwi'n iawn, diolch. Dwi'n cerdded. Dwi bron â chyrraedd.'

Yn y diwedd, a minnau gyferbyn â'r gwesty, roedd 'na un dyn bach ar ôl oedd yn mynnu ei fod o'n mynd i fy ngharïo i ar draws y lôn at y drws am 5 rupee. Ond fe gyrhaeddais i ar droed – buddugoliaeth fach arall. Da 'di'r hogyn.

Sylweddoli pam bod lifft y gwesty yn haeddu sylw yn Y Llyfr. Mae 'na dri lifft yno, un yn mynd o lawr un i naw, un arall yn mynd o lawr deg i un deg saith, ac un arall sy'n mynd i lawr ddau lawr am bob tri mae o'n codi. Cyrraedd y stafell yn y diwedd a chael cawod cyn mentro tamed i fwyta.

Heblaw am y brecwast codog yn y gwesty drudfawr, doeddwn i ddim wedi cael dim i'w fwyta eto, a minnau yn nharddle'r afon o gyrri sy'n gorlifo dros Gymru. Mentro i gaffi'r gwesty a chael brechdan gyw iâr – doedd dim isio mynd yn wyllt ar y noson gynta, nag oedd? Mae'n debyg mai'r gwres a'r cynnwrf sydd i gyfri nad ydw'i ddim wedi bod ar fy nghythlwng ers i mi gyrraedd yma. Beth bynnag, roedd rhaid cael rhywbeth i lenwi twll, a brechdan gyw iâr a photel o Coke oedd hi i fod. Eto, biwrocratiaeth remp – talu wrth un cownter a chael tocyn, mynd at gownter arall i nôl y bwyd, a chownter arall wedyn ar gyfer y ddiod. Eistedd i lawr, a sylwi ar hanner dwsin o gocrotsys yn gorymdeithio ar draws y llawr ac yn protestio bod rhywun wedi tarfu ar eu swper nhw yn y gegin – llyncu fy mrechdan reit sydyn a gadael.

Cael siom ryfedd ar ôl mynd yn ôl i fy stafell a sylweddoli ei bod hi wedi nosi. Am ryw reswm roedd gen i syniad yn fy mhen 'mod i'n mynd i fwynhau nosweithiau hir a heulog. Doeddwn i ddim wedi teithio i'r India i fwynhau'r un oriau o olau dydd â Chymru! Ond, roedd hi'n dywyll, a hithau prin yn chwech o'r gloch.

Cyfarfod Alwar am hanner awr wedi chwech a theithio o'r Delhi Newydd wallgo trwy wallgofrwydd seithgwaith gwaeth strydoedd yr Hen Delhi i'r Gaer Goch. Roedd yr anhrefn yn y ddinas newydd yn anhrefn modern. Roedd anhrefn yr hen ddinas yn pontio'r cenedlaethau – ychen a beiciau a chadeiriau-injan, camelod a cheffylau a cheir a bysys, a'u gyrwyr nhw i gyd yn gweiddi nerth esgyrn eu pennau wrth droi tuag adref. Pob cerbyd, bach neu fawr, yn drymlwythog o lysiau a phlant a brethyn a llestri, ac yn gweu trwy'i gilydd blith-draphlith-strim-stram-strellach heb unrhyw oleuadau, a dim ond corn i gyhoeddi eu bod nhw yno. Strydoedd llawn o brysurdeb blinedig ar ddiwedd diwrnod chwyslyd arall, a'r awyr, fel hen grys gwaith, yn drwm o arogleuon anifeiliaid a cheir a bwyd a pherlysiau a ffrwythau, cnau yn rhostio a chig yn pydru a phob dyn yn dal i drio am rupee ola'r dydd wrth yrru tuag adref. Gweu trwy hyn i gyd i weld sioe oleuadau y tu mewn i furiau'r Gaer Goch. Roedd y sioe yn cyfleu, trwy gyfrwng llais a lliw, holl hanes Delhi a'r Gaer, ac yn gorffen efo'r datganiad o annibyniaeth a'r anthem genedlaethol.

Roedd 'na dipyn mwy o gythraul yn y gyrrwr ges i ar y ffordd yn ôl. Hen ŵr o Sikh oedd hwn, ei droed yn drwm ar y petrol a hen ddisg CD ar du blaen ei gadair-injan oedd yn dwyn golau cerbydau eraill a'i daflu o'n ôl atyn nhw, gan eu dallu nhw. Roedd hwn yn barod i rasio, doedd ganddo fo fawr o ots pa mor gyfforddus o'n i'n y cefn, a doedd yr un diawl mewn car yn mynd heibio iddo fo – mi fyddai'r hogia wrth eu boddau!

Yn fy ngwely erbyn hanner awr wedi naw. Dwi wedi gorfod dysgu'n gyflym heddiw!

Brecwast efo sebra...
17 Tachwedd

Plygiau clustiau ydi'r creadigaethau gorau ar wyneb daear ac oddi arno fo. Yn yr awyren ar y ffordd yma roedd gen i blygiau efo'r tyllau lleia posib ynddyn nhw a oedd yn rheoli gwasgedd awyr ar y clustiau, mae hyn yn arbed rhywun fel fi rhag y pigyn clust arteithiol dwi'n ei ddioddef fel arfer wrth godi a glanio mewn awyren. Neithiwr roedd gen i blygiau rhag sŵn, ac fe gysgais i ar wely o wair 'di crasu ynghanol cae ym mherfeddion cefn gwlad filoedd o filltiroedd o'r gadair-injan agosaf. Ara deg iawn fuo sŵn y ddinas i wawrio arna i bora 'ma.

Dwi wedi gweld Ystlym-ddyn (Batman), a Chath-ferch (Catwoman) a Choryn-ddyn (Spiderman), a phob math o greadigaethau a chyfuniadau rhyfeddol eraill ar y teledu dros y blynyddoedd, ond bore 'ma nesh i rannu lifft efo Sebra-ddyn. Roedd ganddo fo gorff dyn a locsyn sebra. Roedd ei ddau locsyn clust yn wyn a locsyn ei ên yn ddu – claer wyn a du bitch. Doedd dim britho na llithro o'r naill liw i'r llall, roedd y peth yn... wel, roedd o'n ddu ac yn wyn. Dwi'n siŵr 'mod i wedi syllu'n ddigywilydd arno fo bob cam o'r ffordd i lawr yn y lifft – ro'n i'n disgwyl iddo fo newid i wisg streipiog yr arwr wrth gamu trwy'r drws. Newidiodd o ddim, ond fe eisteddodd o nid nepell oddi wrtha i yn bwyta'i frecwast, fel ei fod yn barod i achub y byd efo stumog llawn.

Cael Alwar yn disgwyl amdana i pan gerddais i allan o'r gwesty. Ro'n i wedi gobeithio llwyddo i'w osgoi o heddiw a thrio rheoli fy nhynged fy hun, ond mae'n rhaid mai disgwyl ydi hanfod natur gyrrwr cadair-injan, achos mi daerwn i fod yna fwy o gadeiriau-injan yn Delhi na sydd 'na o gerddwyr. Anelu am y Gaer Goch, a chael y strydoedd chydig yn gallach yr olwg yng ngolau dydd. Ella bod y bobol a'r sŵn a'r prysurdeb yn codi i ferwi yn ara deg yn ystod y dydd.

Rhyfeddu at y ffaith nad oes 'na ddim ceir wedi eu parcio ar ymyl y ffyrdd yn y ddinas. Fe ddywedodd y gyrrwr tacsi ges i o'r maes awyr nad oedd ei gar o byth yn stopio, dim ond yn newid gyrrwr. Mi fydda fo'n gyrru am bedair awr ar hugain a'i fêt yn gyrru am bedair awr ar hugain. Ella i fod o'n dweud y gwir, achos heblaw am ambell gerbyd sydd wedi'i phegio hi ac wedi'i orchuddio mewn amdo o lwch a chachu adar, does 'na 'run cerbyd wedi ei barcio'n unlle. Dim problemau parcio – nefoedd i yrwyr Cymru.

Teimlo haul y bore'n boethach o lawer na haul y pnawn – rhwng deg a deuddeg yn boethach o'r hanner na rhwng deuddeg a dau. Felly ro'n i'n falch iawn o weld gwerthwr yn cerdded tuag ata'i efo Twr Pisa o hetiau gwyn, llipa – ella mai het fel hon ydi stamp y teithiwr tramor ond ro'n i isio un, ro'n i angen un, ac mi ges i un am 50 rupee, i lawr o 100 rupee – digon rhesymol o'n i'n meddwl.

Cael tywysydd oedd yn gwybod am Gymru ac yn gwybod fod gynnon ni ein senedd ein hunain. Nesh i ddim ei gywiro fo; wedi'r cwbwl, nid fi oedd wedi ei gamarwain o.

Y Gaer Goch yn Delhi oedd y brif gaer a oresgynnwyd gan y Saeson. Yma fu Jac yr Undeb yn bwrw ei chysgod, lle mae baner drilliw yr India yn cyhwfan heddiw. Yma roedd Gorsedd y Paun, gorsedd enwog y Maharaja, oedd yn arwydd o'i gyfoeth a'i haelioni, ei rym a'i degwch; gorsedd oedd wedi ei gosod mewn stafell ysblennydd wedi ei haddurno â gemau ac aur a'i goleuo gan ganhwyllau a oedd yn llewyrchu trwy raeadrau bychain yn yr afon a oedd yn llifo trwy ei chanol. I'r stafell hon fyddai deiliaid y Maharaja'n dod i fwrw eu hunain ar ei drugaredd pan oeddan nhw'n methu dod i gyfaddawd â'i gilydd. Yn y stafell hon y croesawyd arweinwyr o bob cwr o'r byd. Yma y cawson nhw eu diddanu gan ddegau o ferched yn dawnsio a dynion yn gwneud campau o bob math. Y stafell hon drowyd yn gegin gan y Saeson, ac ar ôl iddyn nhw adael fe welwyd fod y gemau a'r aur oedd heb eu dwyn wedi eu difetha gan y mwg a'r saim a gododd wrth i'r cogyddion fwydo archwaeth ffyrnig milwyr Brenin Lloegr.

Dychwelyd i Erddi Lodi yn y pnawn a mwynhau awr neu ddwy yn sgwennu a darllen a bwyta pacedaid o grisps. Sylwi, o godi 'mhen, 'mod i wedi fy amgylchynu gan gatrawd o wiwerod bach melyn streipiog a llu o adar llwyd, tebyg i'n deryn du ni ond eu bod nhw wedi colli eu lliw yn yr haul. Chwilio am friwsion y crisps oeddan nhw wrth reswm, nes i ryw hen frain ddod a'u dychryn nhw i gyd i ffwrdd – rhyfedd bod y brain yn codi mwy o ofn arnyn nhw na fi.

Cuddio yn llonyddwch fy stafell nes iddi dywyllu, ac yna mentro allan i weld Porth yr India. Ro'n i'n gwybod mai i'r chwith oedd troi y tro hwn! Mae'r Porth yn greadigaeth drawiadol, yn enwedig pan mae o wedi ei oleuo yn y nos. Mae'r ardal o'i gwmpas yn barc agored lle nad oes unrhyw draffig, a chyda'r nos fel hyn roedd 'na dipyn o awyrgylch ffair yno – teuluoedd yn cerdded yn ôl a blaen a stondinau'n gwerthu cnau wedi eu rhostio a chandi-fflòs. Dim ond wrth agosáu y gwnes i sylweddoli mai cofgolofn oedd y Porth – cofgolofn i'r naw deg mil o Indiaid a fu farw dros Brydain mewn dau ryfel byd. Y mawredd pensaernïol sydd i'w weld o bell, ond wrth agosáu mae rhywun yn sylweddoli bod enw pob un o'r naw deg mil wedi ei naddu i graig felen y gofeb mewn llythrennau mân, mân, a'u bod nhw i gyd yn aflonyddu wrth i'r fflam fythol sy'n llosgi yng ngafl y porth godi cysgod o bob enw.

Meddwl y byddwn i'n cerdded yn ôl i'r gwesty ar hyd rhyw ffordd chydig yn wahanol i'r un y dois i ar ei hyd i gyrraedd yma. Camgymeriad. Sylweddoli ymhen ryw chwarter awr 'mod i ar goll yn llwyr – a phan mae rhywun angen cadair-injan does dim un i'w gweld yn unlle. Cerdded trwy ardaloedd digon amheus, a thrio brasgamu'n bwrpasol er mwyn rhoi'r argraff mai dyna'r union le o'n i am fod ar noson dywyll ym mis Tachwedd. Troi'n ôl unwaith neu ddwy a thrio edrych fel pe bai rhywbeth wedi tynnu fy sylw i wrth i mi basio ac mai troi'n ôl oedd y peth rhesymol i'w wneud. Colli fy ffordd? Dim ond twristiaid twp sy'n colli eu ffordd! Galw'r gadair-injan gynta welwn i, gan drio edrych yn hynod o cŵl. Talu beth bynnag oedd y dyn isio, cyn belled â'i fod o'n mynd â fi'n ôl i'r gwesty, ar unwaith!

Cyrraedd fy stafell a chael nad oedd 'na ddim trydan. Cwyno wrth y ddesg, a mynd am swper. Mentro cyw iâr tandwri heno, a thrio peidio meddwl am gocrotsis. Dringo'r un deg a saith o loriau i fy stafell, a chael fod y lle'n dal yn dywyll. Mynd i lawr eto i gwyno. Ar fy ffordd yn ôl i fyny sylweddoli 'mod i wedi cloi fy ngoriad yn fy stafell. Ymlwybro'n ôl i lawr i siarad efo'r un boi am y trydydd tro. Roedd yr allwedd i agor fy stafell i ar ben y gadwyn bapur hira'n y byd. Arwyddo darn o bapur i foi'r ddesg, mynd â hwnnw, ynghyd â nodyn, at yr howscipar, ac arwyddodd hwnnw ddarn arall o bapur cyn galw ar 'fachgen' i agor y drws. Ymhen hir a hwyr fe gyrhaeddodd y 'bachgen' – oedd tua deugain oed; agorodd y drws a sefyll yno fel delw.

Ar ôl i mi brofi mai fi o'n i, a dangos y goriad o'n i wedi'i adael ar y gwely, fe adawodd fi i mewn i fy stafell.

'*Baksheesh*, syr?'

Dydw i ddim yn un sy'n gwirioni ar atyniadau twristaidd. Fe fyddai'n well gen i eistedd yn cael sgwrs yn nhafarn y Pen Deitsh na syllu ar greigiau mud Castell Caernarfon, er enghraifft. Ond, o fod wedi dod cyn belled, siawns nad ydi hi'n well i mi fynd i weld y Taj Mahal, yn enwedig gan nad ydi Agra ond rhyw 150 o filltiroedd i ffwrdd. Bydd rhaid dal un o drenau chwedlonol yr India i gyrraedd yno – ddylai hynny ddim bod yn rhy anodd, ond ei fod o'n cychwyn am bump.

Cysgu heb fy mhlygiau clust er mwyn clywed larwm fy wats yn fy neffro cyn y wawr.

I'r Taj efo Del Boy
18 Tachwedd

Llwyddo i ddeffro, a chodi am hanner awr wedi pedwar i ddal y trên i Agra. Talu dyn y gwesty a sylweddoli ella bod Y Llyfr yn iawn i dynnu sylw at y lle 'ma; ond, er ei fod o chydig bach yn ecsentrig, dydi o ddim yn haeddu'r feirniadaeth hallt mae o'n ei gael. Penderfynu peidio llyncu bob gair mae'r Llyfr yn ei gynnig o hyn allan.

Neidio i'r gadair-injan yn llawn brwdfrydedd ac yn edrych ymlaen at ddal fy'n nhrên cyntaf. Cyn pen pum munud, ro'n i mewn swyddfa fechan yn teimlo fy hun yn cochi, hen deimlad cynnes, anghysurus, rhyw fath o biso yn y 'nhrowsus o deimlad, sy'n dod o sylweddoli bod rhywun yn y broses o gael ei wneud eto fyth.

Ddigwyddodd y gadair-injan fy ngollwng i y tu allan i fwth pren oedd yn arfer gwerthu tocynnau ond a oedd yn edrych fel pe bai o wedi cau ym 1947. Roedd 'na fynwent o gadeiriau-injan y tu allan i'r orsaf drenau, a llu o lygaid gwynion yn dyllau yn y tywyllwch yn syllu allan o bob un. Cyn pen dim nesh i sylweddoli bod 'na gorff yn sownd wrth bob pâr o lygaid a phob un yn rhythu arna i ac yn rhuthro tuag ata i. Fe dynnodd un fy sylw at arwydd oedd yn nodi bod rhaid archebu tocynnau − fe allai fod yn cyfeirio at docynnau raffl, doedd dim cyd-destun iddo fo − ond nesh i lyncu'r abwyd. Wedyn fe dynnodd fy sylw at swyddfa oedd ar draws y ffordd.

'Swyddfa'r Llywodraeth, syr. Rhaid mynd i fyn'na.'

Dangos cwr rhyw gerdyn swyddogol yr olwg (allai fod wedi bod yn gerdyn aelodaeth y Blaid hyd y gwn i) cyn fy arwain i, ei ffrind gorau diweddaraf, draw i'r swyddfa.

Dyna lle'r o'n i'n eistedd o flaen Indiad ifanc oedd yn gwisgo tracsiwt Adidas a rhaeadrau o gadwyni aur − rhyw fath o Del Boy Indiaidd. Ro'n i'n cael fy nhwyllo unwaith eto.

'Sdim tocynne trên ar ôl, ond na'i ffono i wneud yn siŵr.' Codi'r ffôn − gallai fod yn siarad efo'i fam.

'Na, sdim tocynne.'

'Tria'r ail-ddosbarth.'

Ffonio'i fam eto. Na, doedd dim tocynnau.

'Tria eto.'

Galwad fer; roedd ei fam o'n flin erbyn hyn.

'Na, sdim tocynne trên am bedwar diwrnod, ond fe alla i drefnu bws i chi.'

'Faint?'

'990 rupee.'

'60 rupee fydda'r trên. 'Na i aros tan fory – dim ond i Agra dwi isio mynd.'

'Ocê. 650 rupee.'

'Dim peryg, 'ngwas i.' Codi a cherdded allan yn drafferthus. Mae'n anodd edrych yn flin ac yn cŵl a chario dwy sach gefn ar yr un pryd!

Codi a cherdded allan heb syniad yn y byd i ble ro'n i'n mynd. Ond doedd yr hogyn ifanc oedd wedi fy machu i yn y lle cynta ddim yn mynd i adael i mi nofio i ffwrdd. Roedd o'n barod i chwarae dipyn efo fi eto cyn hynny.

'Dere 'da fi i'r swyddfa ryngwladol.'

Cerdded draw at lawr cyntaf yr orsaf. Roedd y swyddfa'n agor am hanner awr wedi wyth – roedd hi rŵan yn hanner awr wedi pump a dal yn dywyll.

'Mae bws yn mynd 'mhen hanner awr – dere'n ôl i'r swyddfa.'

Ro'n i'n gwybod ei fod o wedi dal ei bysgodyn. Roedd o'n gwybod ei fod o wedi dal ei bysgodyn ac roedd y Fagin o glerc barus yn y swyddfa yn gwybod fod 'na boced arall wedi ei phigo. Gwenu'n llegach ac eistedd. Cytuno i dalu 500 rupee am le ar fws Super Delux x 2.

Digon cyffredin oedd y Super Delux x 2. Roedd ganddo fo ffaniau oedd ddim yn gweithio a llenni oedd ddim yn cau. Heblaw am hynny roedd o'n fws cyffredin iawn! Cael fy rhoi i eistedd wrth ymyl dyn o Nepal oedd yn hynod o siaradus. Fe ddaeth yr hen deimlad piso'n y 'nhrowsus 'na drosta i eto wrth iddo fo ddweud mai 250 rupee oedd o wedi dalu am daith yno ac yn ôl.

Teimlo am y tro cyntaf fod 'na dramorwyr eraill heblaw fi yn teithio'n yr India. Roedd y bws yn rhyw chwarter llawn o Ffrancwyr, ac Awstraliaid a dau fachgen oedd yn siarad Saesneg efo'r acen honno sy ddim yn cael ei siarad yn yr un ardal benodol o Loegr, dim ond gan ryw fath arbennig o Saeson a chan Gymry sy'n teimlo mai felly y dylen nhw siarad.

'*Oh, my man!*' cyfarchodd y gyrrwr, '*I specifically requested not to be placed at the rear of the vehicle. I insist that you arrange that we be moved immediately.*'

'*No, no, no, sir; seat fifty-one, fifty-two on ticket. You sit, you sit.*'

'*Oh! Ok! Ok! That's fine I suppose!*'

'*Oh dear!*' medda fo wrth ei ffrind, ac eistedd yn y sêt y gwnaeth o safiad mor ddewr drosti. Manteisiodd ar ddiogelwch y bws i daflu ei groen banana at gi milain iawn yr olwg oedd yn gorwedd ar y palmant, yna trodd at ei ffrind a dweud, '*You really should eat something Justin, the book says that bananas are frightfully good for you.*'

O leia dwi reit saff, mi fydda rhain yn ffieiddio siarad efo Cymro cyffredin llawn cymaint â tasa rhaid iddyn nhw gynnal sgwrs ag Indiad cyffredin.

Roedd hi'n braf cael sgwrs efo'r bachgen o Nepal. Doeddwn i ddim wedi trafod dim byd heblaw prisiau cadeiriau-injan efo neb ers dyddiau. Roedd Raj yn foi deallus a diddorol tua deg ar hugain oed, oedd wedi llwyddo i osgoi priodi. Gweithio i'r llywodraeth oedd o o ddydd i ddydd, ond ei fod o'n gweithio i'w ffrind am chydig ddyddiau yn casglu arian am nwyddau oedd o wedi eu gwerthu yn Delhi, ac yn manteisio ar y cyfle i ymweld â'r Taj Mahal. Roddodd o ddarlith chwe awr i mi ar hanes yr India. Nesh i fwynhau'r awr gyntaf, wedyn nesh i sylweddoli nad oedd o ddim yn ymateb i gwestiynau (roedd o'n gwenu ac yn mynd ymlaen at y mileniwm nesa mewn hanes), ac nad oedd ganddo fo fawr o ddiddordeb yn hanes Cymru (roedd o'n gwenu ac yn dychwelyd at hanes y pentref bach yn Nepal). Ar ôl teirawr, nesh i lwyddo i'w argyhoeddi o nad oedd Cymru yr un lle â Lloegr, a sylweddoli yr un mor fuan mai'r unig ffordd i ddod â'r ddarlith i ben oedd trwy syrthio'i gysgu. Ro'n i'n teimlo'n euog, ond roedd yn rhaid i mi gael llonydd.

Dwi'n siŵr ei bod hi wedi cymryd oriau i ni ffeindio'n ffordd allan o dan sgerti Delhi. Erbyn ein bod ni wedi mynd rownd a rownd y gwestai'n llenwi'r bws, ac wedyn wedi torri trwy bob un o naw dinas Delhi, roedd hi'n ganol bore. Tydi'r saith dinas hanesyddol ddim yn cynnwys datblygiadau'r Saeson dros y ganrif a hanner diwethaf, na'r ehangu mawr sy'n digwydd ar hyn o bryd – y ffyrdd llydan gwyrdd a'r datblygiadau diwydiannol ochr-yn-ochr â thai tlodaidd y gweithwyr. Erbyn i ni gyrraedd rhyw fath o gefn gwlad, roedd 'na tua tair awr wedi mynd heibio a chryn dipyn o'r cant pedwar deg o filltiroedd i Agra wedi eu teithio.

Aros tua hanner ffordd, mewn rhyw fath o Little Chef Indiaidd – cegin agored dan do gwellt lle'r oedd hanner dwsin o bobol yn coginio a degau o bobol yn disgwyl eu tro i archebu, a gyrrwr y bws yn cael bwyd am ddim. Ciwio am ddeng munud cyn cael fy ngyrru i archebu, a thalu wrth gownter arall, ac yna dychwelyd efo darn bach o bapur yn fy llaw i ofyn am fy mwyd. Mentro bwyta *pakora*, peli bychan o lysiau poeth iawn wedi eu ffrio mewn cytew, efo potel o Coke i'w dilyn. Roedd Raj â'i fryd ar brynu sudd

cansen-siwgwr i mi, ond nesh i lwyddo i'w argyhoeddi o
fod 'na filoedd o bethau oedd â'r potensial i'm lladd i yn
nofio'n y cwpan. Addo'n ddigon diffuant i gyfnewid
cyfeiriadau efo Raj unwaith oeddan ni wedi cyrraedd Agra.
Ailgychwyn ar y daith ar ôl rhyw ugain munud ac ailgydio
yn hanes yr India cyn i gwsg fy ngoddiweddyd.

Arhosodd y bws am chydig cyn cyrraedd canol Agra i adael
i ddau ddyn ymuno â ni i hela twristiaid.

'Chi'n mynd off fan hyn? Dewch 'da fi.' Off â fi, gan
ffarwelio'n frysiog â Raj a heb gael cyfle i gyfnewid
cyfeiriadau efo fo. Llusgo fy mag o berfeddion llychlyd y
bws.

'Chi'n whilo gwesty? Dewch 'da fi. Boi fi edrych ar ôl
chi.'

Fel roedd hi'n digwydd, roedd gen i gyfeiriad gwesty lle
roedd fy ffrind wedi aros, ond pwy o'n i i amharu ar y drefn
oedd wedi ei gosod ar fy nghyfer i? Teimlo fel pe bawn i'n
faton mewn ras gyfnewid, yn cael ei drosglwyddo o'r naill
rôg i'r llall…

Cael dau yrrwr cadair-injan y tro yma. Aethpwyd â fi ar
fy union i westy. Wrth gwrs, doedd dim angen talu am y
daith, mi allwn i dalu ar ddiwedd fy arhosiad – mi fydd
rhaid mynd i weld y Taj a'r Gaer a'r Taj Bach a'r temlau…

Mynnu cael awr neu ddwy o lonydd. Setlo i mewn i fy
stafell foel a chyntefig. Lladd cymuned o'r morgrug mwya
mân yn y byd efo cawod drom o stwff lladd chwys.
Roeddan nhw mor fân fyddwn i ddim wedi sylwi ar un

ohonyn nhw ar ei ben ei hun, ond oherwydd eu bod nhw'n mynnu cynnal cynhadledd ar fy nghlustog i doedd gen i ddim dewis. Trio cysgu ar y gwely caletaf wnaethpwyd erioed, a hynny efo bricsen dan fy mhen. Cael fawr o lwc. Mentro allan i'r haul. Cyn i mi eistedd roedd y gyrwyr ar fy ngwarthaf; mae'n rhaid eu bod nhw'n cuddio rownd y gornel.

'Chi'n barod i fynd?'

'Nac ydw.' Mynnu nad o'n i ddim yn mynd i symud am awr arall. Aeth y ddau i eistedd yn y gornel fel cŵn oedd wedi eu ceryddu, a syllu arna i'n ddisgwylgar.

Roedd y gwesty'n llawn teithwyr. Mae'r gair 'teithwyr' yn awgrymu gweithgaredd – teithio. Rhaid cyfadda bod y 'teithwyr' yma'n griw llonydd iawn. Ar y chwith i mi roedd 'na ddyn efo gwallt hir fuo'n felyn unwaith yn trio cusanu merch fuo'n gariad iddo fo unwaith, amser maith yn ôl, cyn iddyn nhw ddechra teithio. Ar y dde i mi roedd 'na hogyn efo gwallt trilliw yn myfyrio – roedd teithiau hwn i gyd yn digwydd yn ei ben o. Dau Sais yn chwarae gwyddbwyll tu ôl i mi, a dau arall yn ymddangos o'u stafell mewn siwt lawn o ddillad Indiaidd traddodiadol, pob plyg yn amlwg a dim sbecyn o lwch na baw yn agos. Fentron nhw ddim ymhell; naethon nhw eistedd yn y cysgod a darllen *Guardian* chwe wythnos oed.

Treulio awren yn darllen a hepian bob yn ail, cyn mentro i fy stafell, newid i fy nillad butra a lleia plygiedig a gosod clo ar fy nrws, yr hen glo fydda 'nhad yn arfer ei roi ar giât y fferm erstalwm. Roedd y gyrwyr yn dal i eistedd yn y gornel yn disgwyl i mi daflu crystyn iddyn nhw. Gwenu – a'r ddau'n rhedeg tuag ata'i yn barod i 'ngharia i i ben draw'r byd, am bris.

Sonw a Dici oedd enw'r ddau yrrwr. Dici'n gyrru yn dawel a phwyllog a Sonw'n siarad bymtheg yn y dwsin. Roedd Dici'n briod efo dau o blant, a Sonw wrthi'n cael ei 'asesu' gan ddau deulu oedd â'u bryd ar ei gael o fel darpar fab-yng-nghyfraith.

'Runig beth oedd ar fy agenda i ar gyfer y pnawn oedd ymweld â'r Taj Mahal. Aeth Dici â fi cyn agosed â phosib, ond dydi cerbydau disel ddim yn cael mynd yn rhy agos at y Taj oherwydd y llygredd amgylcheddol maen nhw'n ei achosi. Dwn i ddim faint o wahaniaeth mae canllath yn ei wneud ond mi fuo rhaid i mi gerdded y darn ola i lawr ryw stryd orlawn at borth mawr blêr – welwn i ddim sôn o'r Taj.

Ciwio i brynu tocyn. Ciwio i fynd i mewn. Ciwio i gael fy archwilio – 'dim bomiau, dim paent, dim gwm-cnoi a dim bisgedi' – tybed pa fath o fisgedi sydd berycla? Ciwio i roi fy nhocyn i'r milwr yr ochr hon i'r drws. Ciwio i fynd trwy'r drws, a chiwio i roi fy nhocyn i'r milwr ar yr ochr arall i'r drws.

Ond ar ôl cyrraedd ches i mo fy siomi. Mae o'n drawiadol iawn. Digon o ryfeddod. Rhyfeddod. Lle gwirioneddol ryfeddol. Nid rhywbeth fu yn ei ogoniant oesoedd yn ôl, sydd wedi ei erydu gan y canrifoedd a'r tywydd a'r miliynau o draed sy'n ymlwybro heibio iddo fo bob dydd; ond cofeb fyw o'r hiraeth am gariad fu rhwng dau, ganrifoedd ynghynt.

Un o'r petha drawodd fi'n syth oedd cofio gweld y ffotograff enwog hwnnw o'r Dywysoges Diana'n eistedd yn unig ar fainc o flaen yr adeilad. Y peth cynta sy'n wynebu ymwelydd â'r Taj ydi hanner dwsin o ffotograffwyr yn ymgiprys i dynnu lluniau o bobol yn eistedd ar yr un fainc. Doedd dim byd yn arbennig am y ffotograff o'r Dywysoges wedi'r cwbwl; roedd o'n llun mae'r ffotograffwyr wedi ei dynnu o bob Sharon, Tracey a Diana ers degawdau, pob un â'i chur a'i chariad ei hun.

Y Shah Jahan a gododd y Taj Mahal fel cofeb i'w wraig Mumtaz Mahal ar ôl iddi farw ar enedigaeth eu pedwerydd plentyn ar ddeg ym 1631. Fe gymerodd ddwy flynedd ar hugain i ugain mil o bobol gwblhau cynllun y pensaer Isa Khan o Iran.

Mae pob math o straeon apocryffaidd yn perthyn i'r Taj Mahal. Roedd ail deml i'w chodi ar draws y dyffryn mewn marmor du, fel cofeb i Shah Jahan ei hun. Mae 'na stori arall yn mynnu ei fod o wedi torri llaw'r pensaer i ffwrdd unwaith roedd o wedi gorffen y Taj, fel na fyddai hwnnw byth yn cynllunio dim byd tebyg wedyn. Ond fy hoff un i ydi'r un am y gweithwyr yn tynnu'r sgaffaldiau. Ar ôl cwblhau'r gwaith, aeth y stiward at Shah Jahan i gyhoeddi'r newyddion da. Pan gododd yntau i edrych ar y campwaith, roedd o wedi'i orchuddio efo sgaffaldiau. 'Faint gymer hi i dynnu rheina?' holodd y Tywysog. 'Tua blwyddyn, syr,' atebodd y stiward. Ac meddai Shah Jahan, 'Dwed wrth y dynion y cân nhw gadw pob un darn maen nhw'n ei dynnu i lawr, iddyn nhw eu hunain.' Roedd y cyfan wedi'i dynnu i lawr mewn llai na diwrnod, a'r Taj i'w weld yn ei ogoniant.

Gorfod tynnu fy sgidia cyn cael mentro at y gofeb. Adeilad anferth mewn marmor gwyn a'r manylion lliwgar yn gerrig mân wedi'u gosod yn gariadus yn y graig fesul un.

Teimlo gwres yr haul ar y marmor oer yn cynhesu gwadnau fy nhraed, a cherdded rownd a rownd a rownd nes 'mod i'n chwil, yn gwirioni ar fanylyn gwahanol bob tro – rhywbeth wedi'i naddu'n gelfydd, craig mewn lliw nad o'n i wedi sylwi arno fo o'r blaen, neu batrwm o greigiau oedd fel pe bai o'n symud efo'r golau, a'r cyfan wedi'i greu yn gofeb i gariad a rwygwyd gan angau ganrifoedd yn ôl. Gadael, gan deimlo 'mod i'n llythrennol wedi gweld un o ryfeddodau'r byd.

Cyfarfod Sonw a Dici drachefn a mynd am fwyd mewn bwyty Indiaidd. Tŷ cyrri nid annhebyg i'r rhai yng Nghymru. Eistedd yn yr ardd a gofyn am *sheesh kebab* mewn grefi, reis wedi'i ferwi a gwydraid o Pepsi. Cael cwmni Sonw a Dici nes i'r bwyd gyrraedd. Gêm y rhain ydi bod yn ffrindia da, mor dda nes y bydd hi'n anodd iawn i mi beidio talu'n anrhydeddus iddyn nhw. Rhaid i mi beidio bod mor sinigaidd; maen nhw'n gwmni difyr. Mae Sonw'n dipyn o athronydd. Mae ganddo fo awydd bod yn arlywydd India ryw ddydd, medda fo. Dydi o ddim yn credu y medar yr un dyn wneud arlywydd da nes ei fod o wedi profi bywyd ymhob haen o gymdeithas – felly mae o'n cychwyn ar ei brentisiaeth arlywyddol trwy yrru cadair-injan. Pan ddaeth fy mwyd i, mi aethon nhw am fwyd i'r gegin – eu tâl am ddod â fi yno i fwyta.

Mynd yn ôl i'r gwesty trwy'r strydoedd prysur, Dici'n gyrru a Sonw'n cyfarch hwn a'r llall wrth fynd heibio, gweiddi a chwerthin efo'i gyfeillion a'i ddarpar-etholwyr yn

yr ieithoedd egsotig yr oedd o wedi eu dysgu ar gyfer ei
waith – Almaeneg, Ffrangeg, Siapanaeg, a Chymraeg erbyn
hyn. Chwarae cardiau efo'r ddau yng ngardd y gwesty tra
roedd 'na ddigon o olau, a gwrando ar yr adar yn prebliach
yn y gwyll fel llond iard o blant ysgol, nes iddyn nhw gael
eu tawelu gan y tywyllwch, ac i minnau gael fy sgubo o'i
flaen i gysur fy stafell. Cynnau'r golau a chael cip ar fadfall
felen filain yr olwg, yn codi i wneud lle i mi'n y gwely.
Cau'r drysau a'r ffenestri a mentro gorwedd. Fawr o awydd
cysgu. Darllen am blismyn yn Los Angeles, ac er gwaetha'r
geiriau, llwyddo i weld madfall melyn rhwng y llinellau.
Cau fy llygaid a sylweddoli 'mod i, wrth gau'r ffenestri a'r
drysau, wedi cau'r bwystfil yn y stafell efo fi. Methu codi
rhag ofn i mi sathru arno fo. Cysgu'n drwm, a 'mhlygiau
clustia'n cadw pob smic o sŵn a madfall melyn rhag amharu
arna i.

Nefoedd dan y gyllell
19 Tachwedd

Fydd shêf byth yr un fath eto! Rhywsut rhywfodd dwi wedi llwyddo i adael fy rasal yn Delhi, a da o beth ydi hynny. Arweiniwyd fi i gwt bychan agored ar ochr y ffordd rhwng dau gwt arall oedd yn trin moto-beics. Hogyn ifanc oedd yn gweithio yno; roedd o mor fyr nes ei fod o'n gorfod dringo ar hyd y gadair i gyrraedd o gwmpas fy nghlustiau i. Rhwng hynny a'r ffaith nad oedd dim un ffordd bosib fod ganddo fo brofiad o shafio'i fochau'i hun ac y gallai awel go gref chwythu'r tyfiant oddi ar ei wyneb o, ro'n i braidd yn nerfus. Mi gymerodd o dri neu bedwar munud i seboni. Seboni'n iawn efo dwylo ac efo brwsh. Gosod dau lyfiad o sebon ar fy nwy foch a brwshio'r ffordd hyn a brwshio'r ffordd arall, yn ôl a blaen, rownd a rownd. Wedyn, ar ôl codi'r rasal yn barchus a gosod blêd newydd efo sglein farus arno fo yn ei le ar fraich y teclyn, dechrau eillio. Eillio yr un ffordd â'r blew, cyn seboni eto ac eillio'r eildro yn groes i'r tyfiant, gan dynnu fy nhagell i'n dynn rhwng ei fys a'i fawd a chodi fy nhrwyn i fel tasa fo'n gafael mewn llygoden fawr gerfydd ei chynffon, er mwyn eillio fy mwstásh i. Wedyn, a finna'n barod i godi i fynd, mi ddechreuodd o ar y mwytho a'r tylino. Chwistrellu dŵr oer i fy wyneb i i gychwyn, wedyn dyrnaid o affter-shêf a mymryn o sebon, cyn rhwbio fy mochau i a fy nhalcen i a phyllau fy llygaid i, nes 'mod i'n meddwl fod rheini ar fin disgyn allan. Chwistrelliad arall o ddŵr i olchi'r cyfan i ffwrdd cyn dechrau rhwbio eto, y tro yma efo hufen tebyg i be fydda Mam yn ei roi ar ei hwyneb hi, ryw Oil of Ulay Indiaidd. Y cyfan am 15 rupee, deg ceiniog, bargen os buodd 'na un erioed! Mi gafodd Sonw yr un driniaeth ar fy ôl i gan fod rhieni rhyw ferch yn dod i'w insbectio fo heno.

Y flaenoriaeth nesaf oedd sicrhau tocyn bws i Jaipur ar gyfer bore fory. Jaipur ydi'r ddinas fawr nesa. Mae Y Llyfr yn mynnu ei fod o'n lle digon difyr i fynd iddo, digon i'w weld, digon i'w wneud. Dilyn fy nhrwyn i fan'no amdani, felly. Galw mewn siop docynnau a chael cyfarwyddiadau i alw i nôl y tocyn heno. 120 rupee fydd pris y tocyn yma, i'w gymharu â'r 550 rupee dalais i i gyrraedd yma! Ymlaen i'r Gaer.

Mae'r Gaer yn Agra yn drawiadol iawn o ran ei maint a'r ffaith na chafodd hi mo'i anrheithio gan y Saeson fel y Gaer Goch. Un peth annisgwyl oedd yr olygfa o'r Taj Mahal ar draws gwastadedd yr afon. Gan fod y porth i'r Taj ynghanol strydoedd budron cul does dim golygfa ohono fo wrth i chi gyrraedd o gyfeiriad y ddinas, ond o gyfeiriad y gaer mae o'n gwmwl hudolus ar y gorwel pell.

Pan ddarostyngwyd yr hen Shah Jahan gan ei fab, yn y gaer y cafodd o'i garcharu. Doedd y tywyswyr yma ddim mor barchus ohono fo a'r rhai yn y Taj Mahal. Y stori ganddyn nhw oedd ei fod o'n ferchetwr heb ei ail, a'i fod o wedi mynnu bod rhesi o ferched yn cael eu gyrru ato fo i'w gell a hynny yng nghysgod y gofeb wych gododd o i'w wraig.

Gosod fy hun i eistedd dan goeden, gan obeithio manteisio ar fymryn o gysgod rhag yr haul. Cael cwmni rhyw hen ast denau a chofio 'mod i heb gymryd fy chwistrelliad rhag y gynddaredd. 'Os 'nei di 'i ddal e gei di'r *jabs* am ddim,' oedd cyngor un 'ffrind' i mi sy'n Gardi. Wrth eistedd dan goeden fel hyn ro'n i'n gwahodd sylw'r camerâu. Dwi'n dychmygu bod fy llun i ar y silff-ben-tân mewn llu o gartrefi, a mamau a thadau yn dotio ac yn dweud, 'Dyna Rajiv bach ni yn cyfarfod dyn gwyn am y tro cyntaf,'. Cyflawni'r gymwynas yma hanner dwsin o weithiau cyn i griw o fechgyn ysgol ddod i siarad efo fi. 'Dy enw di? Pa wlad? Gwraig gen ti? Plant? Dy waith? 'Nei di arwyddo fy llyfr ysgol i?' Sgwennu fy enw a fy nghyfeiriad ac eglurhad syml nad ydi Cymru a Lloegr yr un fath – waeth iddyn nhw gael gwers ddaearyddiaeth tra ro'n i wrthi ddim!

Eistedd efo nhw'n siarad am bynciau mawr y dydd nes bod eu awr ginio nhw ar ben. Cerdded o gwmpas mymryn eto cyn mynd yn ôl i'r gwesty.

Golchi fy nillad a'u gosod i sychu ar y gwrych yn yr ardd cyn eistedd allan i gael tamed i'w fwyta. Dewis '*Chicken Korma – traditional lamp curry*' – mae'r bwydlenni'n adloniant pur. Mae'r 'teithwyr' yn dal yn yr ardd yn darllen, siarad a chwarae gwyddbwyll, yr un rhai â ddoe yn gwneud yr un peth yn yr un lle. Treulio pnawn diog iawn yn darllen, a sylweddoli bod 'na fanteision mawr i sefyll yn llonydd am chydig wrth deithio.

Mentro i'r dref wedyn i chwilio am rywle lle gallwn i yrru negeseuon e-bost. Gweld arwydd wrth ymyl siop fechan wrth droed y Taj Mahal. Cerdded i mewn a chael fy arwain tu ôl i'r cownter ac i lawr coridor tywyll at dwll dan grisiau, ac yn fan'no, ynghanol y stoc o gamelod pren a phypedau lliwgar, roedd 'na gyfrifiadur a modem. Chwilio am gysylltiad a chael llinell – ac yn sydyn, yn y lle mwya diarth ar wyneb daear, roedd 'na ffenest yn llawn o olygfeydd o'n i'n eu gweld o ddydd i ddydd yng Nghymru, nid breuddwydion nac atgofion, roeddan nhw yno o flaen fy llygaid i. Roedd o'n brofiad rhyfedd; bron nad o'n i mor falch o'u gweld nhw â taswn i wedi mynd yn ôl i'r gwesty a dod o hyd i fy slipars dan y gwely, neu taswn i wedi gweld yr hogia'n cerdded i lawr y stryd. Doedd dim ots faint o fwlch oedd wedi bod, roedd rhywun yn llithro'n ôl i'r hen berthynas ar unwaith. Roedd y teimladau oedd yn rhuthro trwyddai wrth i mi weld y tudalennau 'ma ar y we yn rhai byw iawn; bron na fyddwn i wedi crio ond fod 'na dorf fechan o gwsmeriaid, yn cnoi cansen siwgwr bob un, yn fy ngwylio i wrth fy ngwaith. Wedyn fe gollwyd y cysylltiad. Digwydd, darfu...

Gwibio trwy'r tywyllwch i nôl fy nhocyn bws. Cyrraedd y swyddfa a'i chael hi'n wag ac yn foel. Aeth Sonw i chwilio am y perchennog ac fe arhosodd Dici efo fi yn chwilio'r mapiau oedd yn crogi hyd y wal am ryw arlliw o Gymru. Ymhen hir a hwyr daeth dyn arall i mewn ac eistedd, ac fe aeth Dici allan i weld ble'r oedd ei fêt o wedi mynd efo'r tocyn. Ddechreuodd y newydd-ddyfodiad efo'r un hen gwestiynau, 'Dy enw di? Pa wlad? Gwraig gen ti? Plant? Dy waith?' Wedyn, o dipyn i beth, mi drodd y sgwrs ato fo, a'i fusnes.

'Mae gen i siope yn Lloeger. Wy'n mynd draw nawr cyn y Nadolig.'

Ar hyn mi redodd 'na lygoden fechan rhwng coesau'r gadair a sefyll yno'n edrych arnon ni. Roedd hi fel yr hen wraig leiaf erioed yn cuddio o dan ei chapan glaw ac yn edrych allan ar y byd yn fusnes i gyd. Synhwyrodd yr awyr unwaith neu ddwy a dweud gair neu ddau wrthi hi ei hun wrth dacluso'i gwallt tu ôl i'w chlustiau. Roedd hi'n barod i gynnig ei barn ar sut i gadw siop pan gurodd y dyn ei droed ar lawr a'i dychryn hi i ffwrdd.

'Dwi'n allforio cerrig i'r siope hyn,' medda fo. 'Wrth gwrs, ma 'na gyfyngiade ar faint alla i allforio, ond wy'n gwneud bywolieth deidi.'

Doeddwn i ddim yn gwrando. 'Grêt,' meddwn i, wrthaf fi fy hun yn fwy na dim.

'Dweud y gwir, wy'n helpu tipyn ar fy ffrindie pan ma nhw'n ymweld â fi.'

'Grêt.'

'Wy'n talu am eu trip nhw i'r India fel arfer.'

'Dach chi'n hael iawn, gyfaill.' Mae'n rhaid bod y llygoden fach 'na yn dal yma'n rhywle yn gwrando yn y cysgodion – ond lle, tybed?

'Ti'n gweld, mae'r cerrig hyn yn gwerthu am dair gwaith yn fwy yn Lloeger na ma nhw'n yr India. Dim ond hyn a hyn alla i allforio'n swyddogol. Ond mae gen deithwyr hawl i fynd ag anrhegion adre 'da nhw. Er enghraifft... '

Dyna hi! Fentrodd hi i'r golwg unwaith eto a gwneud stumiau ar y dyn diarth o hirbell. Wn i ddim ai hi redodd gynta neu ei droed o ddaeth i lawr yn glep, ond fe welais i ei chynffon hi'n cael ei thynnu ati dan y drws ac yn chwipio'n ddirmygus cyn diflannu.

'... er enghraifft, allet ti fynd â gwerth £2,400 yn ôl i Brydain 'da ti. Be wy'n wneud wedi 'ny yw cysylltu â ffrindie i mi sy'n gwerthu yn Birmingham; ma nhw'n cysylltu â ti, yn cael y cerrig ac yn eu gwerthu nhw. Maen nhw'n gwneud 200% o elw. Ti'n cael 100% a ni'n cael 100%. Mae pawb yn hapus.'

Yn ystod y sgwrs unochrog yma roedd y cyfeiriadau at y cyfeillion annelwig 'ma wedi troi'n gyfeiriadau penodol ata i.

'Dere i'r swyddfa drws nesa i mi gael dangos i ti.'

Gan nad oedd dim sôn am Sonw a Dici a'r tocyn, es i am dro. Wrth gerdded draw i'r siop nesh i sylweddoli pa mor fawr oedd y boi 'ma. Roedd o'n chwe throedfedd a rhagor ac yn gryf yr olwg. Gwasgodd y ddau ohonan ni i mewn i swyddfa oedd fawr mwy na chwpwrdd, ac eistedd a'n pengliniau yn cyffwrdd o dan y bwrdd. Mi gaeodd o'r llenni oedd rhwng y 'swyddfa' a'r siop a dechrau egluro. Roedd ei wyneb o'n llydan a'i chwarennau chwys o'n ffrwydro trwy'i groen o; roedd ei fwstásh o'n un ysgafn fel un hogyn yn ei arddegau, a'i dafod faco'n llyfu ei wefus ucha'n araf, ac yn oedi yno pan oedd o'n ystyried be i ddweud nesa. Mi ddangosodd o lythyrau gan deithwyr yr oedd o wedi delio â nhw'n y gorffennol. Ddangosodd o'r cerrig, a'r rheolau allforio a'r ffurflenni fyddai rhaid i mi eu llenwi i agor cyfri banc rhyngwladol, a sut fyddwn i'n trosglwyddo'r arian i'w gyfri o cyn iddo fo drosglwyddo cyfran o'r elw yn ôl i mi, a lle fydda rhaid i mi arwyddo. Cyn pen dim, ro'n i'n ymwybodol 'mod i'n chwysu. Doeddwn i ddim isio bod mewn swyddfa fach fel hon. Doeddwn i ddim isio bod yn rhan o unrhyw rwydwaith rhyngwladol oedd yn allforio cerrig gwerthfawr. Doeddwn i ddim isio gwrando dim rhagor ar y boi 'ma. Ro'n i isio gadael. Ro'n i isio gadael y munud hwnnw.

''Na i feddwl am y peth a dod yn ôl fory.'

'Pam?'

'Dwi'n siŵr ei bod hi'n iawn i mi feddwl am y peth, yn tydi?'

'Meddyliwch fan hyn, nawr. Ateba i unrhyw gwestiyne sy 'da chi.'

'Na, mae'n iawn, 'na i adael i chi wybod fory.'

'Pam ych chi wedi newid eich meddwl? Ych chi'n meddwl 'mod i'n anonest?'

Wrth gwrs 'mod i, meddwn i wrthaf fi fy hun.

'Na, ddim o gwbwl, dwi jyst isio amser i feddwl.'

'Dyw pobol sy'n gadel byth yn dod yn ôl.'

Wel, mae hynny'n dweud y cwbwl, yn tydi mêt!

Ond yr hyn ddaeth allan oedd, 'Os fydda i'n meddwl ei fod o'n syniad da fydda i'n ôl yn y bore. Oes gynnoch chi gerdyn?'

Ar hyn, daeth Sonw i mewn efo'r tocyn. Nesh i dderbyn y cerdyn, ysgwyd ei law fawr chwyslyd o a dianc. Ro'n i'n meddwl 'mod i'n synhwyro rhyfaint o ryddhad ymysg fy ffrindia pan nesh i egluro 'mod i heb ddisgyn i'r trap.

Wrth deithio nôl i'r gwesty, ro'n i'n trio meddwl be'n union oedd wedi digwydd i mi heno. Ro'n i wedi cael fy hebrwng i le penodol gan ddau berson a ddiflannodd yn fuan ar ôl i ni gyrraedd. Ar ôl iddyn nhw adael mi ddechreuodd 'na ddyn diarth siarad efo fi, ac mi arweiniodd hynny ato fo'n trio 'nhwyllo i. Wn i ddim sut mae cymdeithas yn gweithio'n y wlad yma, ond tybed, os oes gan yrwyr ddealltwriaeth ynglŷn â chael comisiwn gan fwytai a siopau, nad oes gan Sonw a Dici ddealltwriaeth efo'r dyn gwerthu cerrig? Mae'r maffia'n gryf yma, ac mae'r system gast yn gryfach – tybed ydi'r ddrama fach yma yn digwydd bob nos?

Cyrraedd yn ôl i'r gwesty a dweud fy hanes wrth hwn a'r llall. Cael llyfr gan un o'r teithwyr llonydd, a chael ar ddeall fod y creadur o'n i'n meddwl oedd yn mynd ar daith rownd ei ben ar gyffuriau wedi bod ar ei wely angau ers tridiau a'i fod o wedi bod yn sâl na fuo erioed ffasiwn beth. Ymddiheuro iddo fo'n dawel bach yn fy mhen.

Gorwedd yn fy ngwely yn trio peidio meddwl pa mor agos o'n i wedi bod at gael fy nhwyllo go-iawn. Gwrando ar dân gwyllt yn tanio ymhobman. Yn ôl Sonw mae hi'n dymor priodasau yn yr India a dyna pam fod 'na ddathliadau mawr hyd y dref, felly fydd hi bob nos am wythnosau medda fo.

Roedd hen wraig fach yn byw yn Jaipur...
20 Tachwedd

Arhosodd Sonw a Dici i mi fynd ar y bws, ond erbyn iddo fo adael doedd dim sôn am fy 'ffrindia'. Erbyn hynny mae'n debyg eu bod nhw wrthi'n llwytho teithiwr bach diniwed arall i gefn eu cadair-injan, a bod hwnnw wrthi'n chwerthin ar y jôcs ac yn mwynhau'r daith. Pob lwc iddyn nhw.

Ers blynyddoedd bellach dwi wedi datblygu rhyw hen beswch bach sych pan dwi'n nerfus. Cyn cael cyfweliad neu cyn siarad o flaen cynulleidfa, cyn mentro ar unrhyw sefyllfa ddiarth mae rhywbeth yn rhoi cic fach i mi yn fy stumog nes 'mod i'n tuchan yn afreolus. Felly fydd hi wedyn drosodd a throsodd, nes 'mod i'n agor fy ngheg i siarad neu'n dechrau ar y gwaith sydd ar y gweill, wedyn dwi'n iawn. Eistedd ar y bws a'r hen duchan yna'n taro eto. Ar y teithio mae'r bai – ddim yn gwybod ymhle fydd pen rhywun yn gorffwys y noson honno a pha fygythiadau sy'n llechu yn y cysgodion. Unwaith dwi wedi cyrraedd dwi'n iawn. Unwaith mae gen i gornel fechan i mi fy hun yn y dieithrwch mawr dwi'n teithio trwyddo fo dwi'n hapusach o lawer. Unwaith mae'r drws wedi ei gau, hwnnw ydi fy ngofod i, fy mlerwch i, fy llyfrau i, fy nillad budur i, fy mrwsh dannedd i; waeth pa mor gyntefig ydi o, hwnnw ydi adra am y tro. Pan dwi allan bydd popeth yn ddiogel dan glo yn fan'no, hen glo Pwll Coch, ac ar ddiwedd y dydd, hwn fydd y lle i ddianc yn ôl iddo fo o ansicrwydd y ddinas y tu allan, a chau'r drws yn dynn ar f'ôl. Ond wedyn yr un ydi'r ansicrwydd a'r cyffro, yr ofn a'r chwilfrydedd sy'n trechu'r bwganod sy'n cicio rhywun yn ei stumog ac yn codi'r hen beswch 'ma.

Ro'n i'n anlwcus efo fy nghyd-deithiwr tro 'ma; gysgodd yr hen foi bob cam o'r ffordd i Jaipur. Manteisio ar y cyfle i ddarllen *Are you experienced?*, llyfr o'n i 'di gael yn anrheg gan Kate cyn cychwyn. Llyfr crafog a doniol dros ben yn sôn am y cymeriadau ystrydebol mae rhywun yn eu cyfarfod wrth deithio'r India, a'r sefyllfaoedd cwbl annymunol mae rhywun yn eu dioddef er mwyn cael 'profiad' a 'dod o hyd iddo'i hun': cardotwyr cyfrwys yn Delhi y tu allan i hofel boeth a drewllyd oedd yn galw'i hun yn westy; tyrfaoedd di-drai; etifedd cefnog oedd yn chwilio am y gwerinwr ynddo'i hun, a'r myfyrwyr oedd yn chwilio am 'ystyr yr India' mewn cymylau o gyffuriau; a'r cyfeillion oedd wedi cael mwy na digon ar gwmni ei gilydd ar ôl deuddydd – a dwy flynedd ganddyn nhw i fynd. Tybed i ba ystrydeb dwi'n perthyn? Ydw i'n dianc? Ydw i'n chwilio amdanaf fi fy hun neu am ystyr bywyd? Dwi'n gobeithio nad ydw i'n gwneud dim mwy na bod ar wyliau. Tybed? Beth bynnag, dwi'n falch na nesh i ddim darllen y llyfr 'ma ar yr awyren ar y ffordd draw; pe bawn i wedi gwneud, dwi ddim yn meddwl y byddwn i wedi glanio yn Delhi hyd yn oed.

Roedd o wedi bod wrthi bob cam o'r ffordd o Agra, ond rŵan 'mod i wedi gorffen darllen fy llyfr ro'n i'n sylwi arno fo trwy'r amser, ac mi roedd o'n mynd dan fy nghroen i ac yn sgyrnygu yn erbyn fy esgyrn i. Roedd y gyrrwr yn mynnu canu ei gorn yn ddi-baid. Wrth gwrs, dyna reol y ffordd fawr, ond dwi'n siŵr bod hwn yn fwy cydwybodol na'r rhelyw. Mynd heibio i fysus eraill yn diferu o bobol – canu corn rhag ofn nad oeddan nhw wedi sylwi ein bod ni yno; camel yn tynnu trol – canu corn; plentyn ar feic – canu corn; lorri ddwywaith maint ein bws ni yn dod i gyfarfod â ni a ninnau wrthi'n goddiweddyd praidd o eifr ac ar yr ochr anghywir i'r ffordd – canu corn yn wyllt fel pe bai hynny'n ddigon i'n harbed ni rhag damwain angheuol. Ond erbyn meddwl, mi oedd o, droeon!

Troi at Y Llyfr i drio cadw'r sŵn allan o 'mhen. Doeddwn i ddim yn mynd i gael fy 'ngwneud' yn Jaipur – roedd gen i gynllun. Gwrthod siarad â neb nes 'mod i'n barod. Gwrthod cymryd unrhyw gadair-injan ond y rhai oedd â'u prisiau wedi eu trefnu gan y llywodraeth, a mynnu mynd i'r gwesty yr o'n i'n ei ddewis. Arhosodd y bws wrth ymyl y ffordd ynghanol nunlle, doedd hynny ddim yn ddigwyddiad anghyffredin, ond yn ôl y gyrrwr dyma oedd gorsaf fysys Jaipur. Gadael y bws ac anwybyddu'r côr o yrwyr oedd yn fy wyneb i. Cael fy sach o gefn y bws – am bris, ac eistedd ar y palmant gan bwyll bach i ystyried y cam nesaf, gan anwybyddu'r hanner dwsin o yrwyr oedd yn dal i ddyfalbarhau. Dewis yr un lleiaf dyfal, a chyn i mi feddwl am fynnu cael cadair-injan 'swyddogol', ges i gynnig un. Talu a mynnu mynd i'r cyfeiriad oedd gen i yn fy llaw. Ar ôl i mi osod fy hun yn frenhinol yng nghefn cadair-injan newydd sbon fe ddiflannodd y gyrrwr ac fe ddaeth dau ddyn draw i roi 'cyngor' i mi. Roedd y gwesty o'n i wedi 'i ddewis yn bell iawn o ganol y ddinas, roedd o'n fudur ac yn ddrud, mi wydden nhw am le llawer iawn gwell. Na. Doeddwn i'n gwybod dim am yr Evergreen Hotel, ond hyd yn oed os oedd o'r twll mwyaf yn Jaipur, i'r Evergreen o'n i'n mynd, dyna'r enw cyntaf yn Y Llyfr, a beth bynnag, roedd gen i rywbeth i'w brofi.

Roedd Ravi, y gyrrwr, yn falch iawn 'mod i wedi gwrthod cynigion y ddau ddyn, roeddan nhw'n bobol ddrwg medda fo. Un bychan, braidd yn dew, efo wyneb llydan gonest, bwlch rhwng ei ddannedd a gwallt seimllyd oedd Ravi; roedd yn cynilo'i arian i ymuno â'i gariad yn Bradford, medda fo. Cyn i ni gychwyn ar ein taith fe roddodd o lyfr lloffion i mi i'w ddarllen. Ro'n i wedi sgwennu mewn un tebyg i Sonw a Dici cyn gadael Agra bore 'ma. 'Hogia gonest. Cwmni da. Os dach chi'n darllen hwn yng nghefn eu cadair-injan nhw dach chi wedi bod yn lwcus iawn.' Y math yna o beth. Wrth reswm, roedd llyfr Ravi'n llawn o'r un math o weniaith, mewn Babel o ieithoedd, ac er y gallwn i adrodd y cynnwys doedd dim modd ei roi o'n ôl iddo fo, roedd rhaid i mi ei ddarllen o o glawr i glawr. Roedd o fel plentyn oedd wedi cael adroddiad da o'r ysgol ac isio i bawb ei ddarllen o drosodd a throsodd.

Yn ôl be o'n i 'di ddeall yn Agra, roedd Jaipur yn mynd i fod yn lle digon tebyg i Delhi, ond nid felly oedd hi o gwbwl, roedd y strydoedd yn llydan ac yn lân ac mi roedd 'na fylchau rhwng y traffig. Mi fydd fa'ma yn iawn dwi'n siŵr.

Gwesty braf ydi'r Evergreen, efo tri llawr o stafelloedd yn sgwâr o gwmpas gardd werdd, siop fechan a bwyty. Mae 'na gyfleusterau e-bost sy'n gweithio yma, stafelloedd anferth a chawodydd poeth am bris rhesymol – chwarter be o'n i 'di dalu am dwll yn Delhi. Sefyll yn y gawod yn teimlo'n hynod o falch 'mod i, am y tro cyntaf, wedi llwyddo i wneud yn union be o'n i isio'i wneud, cyrraedd y gwesty o'n i wedi ei ddewis heb gael fy nhwyllo, a gwrthod gwrando ar bawb a phopeth oedd yn trio fy arwain i ar gyfeiliorn. Teimlo rêl boi ac ar ben fy nigon. Cerdded allan o'r gawod yn noethlymun gorn, fel mae rhywun mewn cawod, ac yn diferu'n ddi-hid hyd y stafell, cyn sylwi nad oedd dim llenni ar y ffenestri a 'mod i ar y llawr gwaelod yn wynebu'r ardd. Trio ymddangos yn cŵl wrth bigo fy llian i fyny a cherdded yn ôl i'r stafell ymolchi. Trio.

Llwyddo i greu llen allan o ddau hen dudded gobennydd oedd rhywun wedi awgrymu allai fod yn ddefnyddiol i mi eu pacio, a theimlo chydig bach yn fwy cysurus. Manteisio ar fy mhreifatrwydd newydd i gyfri 'mhres a sylweddoli bod ei hanner o wedi mynd yn barod. Ond wrth 'mod i wedi cael fy nhwyllo mor ddidrugaredd yn Delhi fe ddylai'r ail hanner daenu'n deneuach o lawer. Dwi ddim yn meddwl y gwna'i fynd i'r drafferth o aros yn Delhi ar y ffordd yn ôl, mae'r hen ast yna wedi brathu unwaith yn barod a dwi ddim yn mynd i roi fy mys yn ei cheg hi'r eilwaith.

Mynd i chwilio am wasanaeth e-bost. Un neges oedd yn disgwyl amdana i, gan Jeremy yn sôn fel yr oedd o a'r teulu yn mynd i'r ffair yn Aberystwyth y noson honno. Rhyfedd meddwl am y ffair. Dwi heb ei methu hi ers blynyddoedd – y goleuadau, y plant a'r gerddoriaeth yn gyffro cynnes ar noson oer. Braf bod rhywun yn cofio amdana i. Gyrru ateb diolchgar yn ôl.

Gyrru neges cyflym at Angharad yn sôn am fethu cael i mewn i'r wlad a'r helynt efo'r gwerthwr cerrig. Dwi wrth fy modd yn gyrru tameidiau o straeon adra, gawn ni weld faint fyddan nhw wedi cael eu hestyn erbyn cyrhaedda i'n ôl!

Treulio gweddill y pnawn yn diogi yn yr ardd ac yn cwblhau tasgau'r Talwrn. Mae sgwennu limrigau yn Jaipur yn teimlo yr un mor od â bwyta cyrri yn nhŷ Nain. Alla i ddim dychmygu bod yna'r un chwa o gyrri wedi sleifio dan ddrysau Craigwen nac wedi busnesu yng nghorneli cyfarwydd yr hen le erioed. Tybed a oes 'na unrhyw un wedi poeni am 'Hen wraig sydd yn byw yn Llangollen' tra'n eistedd yn un o erddi Jaipur? Er maint a rhyfeddod y Taj Mahal tybed a oes 'na unrhyw un erioed wedi llunio cywydd serch wrth eistedd yn ei gysgod? Tybed a oes 'na bennill telyn am rasys camelod? Mae i bob gwlad ei rhyfeddodau ei hun, ac un rhyfeddod sy'n cysylltu'r cwbwl ydi'r e-bost. Gyrru tasgau'r Talwrn i mewn ar amser am unwaith, a hynny o ben draw'r byd.

Sylwi ar boster anferth ar wal yn yr ardd yn rhybuddio rhag pobol oedd yn chwilio am gymorth teithwyr i allforio 'cerrig gwerthfawr'. Twyll oedd y cyfan, ac roedd o'n medru costio'n ddrud i bobol. Siarad efo Niki, merch oedd yn dwrna yn Seland Newydd, a chael ei hanes hi yn helpu dwy ferch o Brydain oedd wedi prynu gwerth wyth can punt o gerrig, ac ar ôl cael eu prisio nhw wedi cael ar ddeall nad oeddan nhw werth dim mwy na chant a hanner. Trwch blewyn oedd hi neithiwr!

Mwynhau *kebab* wedi ei lapio mewn popadom i de, a gadael i'w wres ffyrnig gael ei ddofi gan fymryn o domato melys. Cymryd arna 'mod i'n darllen tra roeddwn i'n gwrando ar y sgyrsiau o 'nghwmpas i. Chydig iawn o Saesneg oedd i'w glywed. Dyfalu 'mod i'n gwrando ar Almaeneg, Sbaeneg, Ffrangeg, a rhywbeth allai fod yn Hebraeg. Mae fa'ma ar y llwybr sy'n cael ei droedio'n drwm gan dramorwyr o bob math. Clywed un boi efo acen Birmingham yn troi at ei ffrind ac yn cwyno bod 'na ormod o dwristiaid o gwmpas. Roedd o'n byw yma ers blynyddoedd ac wedi ymdoddi'n llwyr i'r hen ffordd Indiaidd o fyw, fel mae pobol Birmingham yn ei wneud ble bynnag maen nhw'n mynd, wrth gwrs! Mae o bellach yn allforio offerynnau cerdd ac yn brolio am yr elw mae o'n ei wneud. Darllen tipyn, a gwrando ar be oedd yn mynd ymlaen o 'nghwmpas i, cyn i'r pryfaid fy hel i am y gwely.

'Nid oes arnaf hiraeth, O Dduw paham?
Nid yw fy nghalon am roddi llam.'
21 Tachwedd   **T.H.P-W**

Wedi gobeithio cael shêf, ond mae'n debyg bod yr Indiaid yn parchu'r Sul. Mae tri chwarter y siopau ar gau, gan gynnwys pob un barbar, ac mae'r Sul yn wyliau swyddogol i bawb o bob crefydd yn ôl Ravi. Ei gael o'n disgwyl amdana i y tu allan i'r gwesty, ac ymhen dim ro'n i yng nghefn y gadair-injan unwaith eto'n rhuthro o gwmpas ymysg y traffig. Does gan rywun ddim gobaith dod i nabod unlle wrth dreulio dim ond un diwrnod yno, ond os ydi

55

rhywun am weld cymaint â phosib, llawn cystal iddo fo gymryd ei arwain gan rywun sy'n gwybod ei ffordd yn iawn; dyna fy esgus i am heddiw, beth bynnag.

Chwilio am le i gael arian a methu'n druenus – pob man wedi cau. Mi fydd rhaid i mi gael hyd i rywle cyn diwedd y dydd neu bydd rhaid i mi aros yma am ddiwrnod arall dim ond er mwyn mynd i'r banc fory.

Yn unol â statud gwlad, dinas binc ydi Jaipur – a hynny'n llythrennol. Mae'n rhaid i'r busnesau a'r teuluoedd sy'n byw o fewn muriau'r ddinas sicrhau nad ydi'r muriau hynny'n colli eu lliw. Oddi mewn i'r muriau mae'r Palas, ac er ei fod o'n ymylu ar fod yn oren, hwn ydi'r Palas Pinc.

Cael fy ngollwng tu allan. Mae'r Palas yma wedi ei gadw'n weddol daclus achos bod y Maharaja'n dal i fyw yma pan mae o yn y wlad. Mae'r rhan fwyaf o'r Maharajas yn dal i ddefnyddio'u teitl, ond nad ydi o fawr mwy na symbol o statws. Mi werthodd rhai y cwbwl am y nesa peth i ddim pan dynnwyd nhw oddi ar bwrs y wlad, a bellach does ganddyn nhw ddim byd ar ôl, ond mae 'na rai eraill sydd wedi dysgu cynnal eu hunain fel gwŷr busnes a gwleidyddion. Mae llawer wedi troi eu palasau'n westai moethus ac mae rhai eraill wedi creu gyrfa iddyn nhw eu hunain o fewn y llywodraeth. Dwi'n credu bod hwn yn gweithio fel llysgennad o ddydd i ddydd, ac mae'r Palas, ac eithrio'r rhannau preifat lle mae o'n byw, yn amgueddfa sy'n arddangos creiriau teuluol. Wrth weld y pethau yma mae rhywun yn sylweddoli bod traddodiad y tywysogion hynafol yma'n pontio o'r gorffennol pell i'r presennol; o lawysgrifau i deipiadur trydan ac o luniau naïf i ffotograffau du a gwyn, o gleddyfau hynafol i ynnau mawr oedd yn cael eu cario ar gefn camelod ac eliffantod. Nid traddodiad sy'n perthyn i oes o'r blaen ydi hwn, fel yr uchelwyr Cymreig, ond rhywbeth oedd yn fyw iawn genhedlaeth neu ddwy yn ôl.

Gweld dillad un o'r hen Faharajas – oedd yn ddyn mawr, tua saith troedfedd o daldra a phedair o led. Ymysg cenedl o ddynion bychan, eiddil, roedd hwn yn gawr go iawn. Y fo roddodd y gorchymyn i greu dau grochan arian mawr, y ddau lestr arian mwyaf yn y byd, sy'n cael eu harddangos yn y Palas. Y rheswm am y gorchymyn oedd fod yr hen ŵr am ymweld â'r Frenhines Fictoria yn Llundain, a chan nad oedd o'n ymddiried yng nglendid dŵr afon Tafwys aeth o â llond y ddau grochan yma o ddŵr y Ganges efo fo! Ella bod y Tafwys hyd yn oed yn futrach yn y dyddiau hynny nag ydi hi heddiw, ond doedd dŵr y Ganges fawr gwell, dwi'n siŵr!

Ar ôl gweld y Palas Pinc fe symudon ni ymlaen i'r Palas Gwynt, y Hawa Mahal, un o ddelweddau enwocaf y ddinas. Aros y tu allan er mwyn i Ravi gael egluro nad oes yna ddim byd tu ôl i'r wyneb trawiadol erbyn hyn. Pum llawr o frics coch a thros naw cant a hanner o ffenestri ynddyn nhw. Byddai'r merched brenhinol oedd yn byw yno'n medru syllu allan ar y byd heb gael eu gweld gan y dynion oedd yn crwydro'r strydoedd islaw, ond bellach does 'na neb na dim y tu ôl i'r ffenestri, y cwbl sydd yma ydi *façade*, a'r unig beth fedar ymwelydd ei wneud ydi sefyll yn y stryd a thynnu llun. Gwneud hynny cyn cael fy amgylchynu gan griw o blant.

'*Baksheesh*, syr? *Baksheesh*?

Ond doedd gen i ddim i'w roi. Fodd bynnag, doedd dim rhaid i mi boeni am gael pres, roedd Ravi'n nabod rhywun allai gael peth i mi. Dod o hyd i siop oedd yn gwerthu gemau ym mherfeddion pellaf rhyw stryd gefn, a chlywed y clychau'n dechrau canu eu rhybudd yn fy mhen. Cyn pen dim, ro'n i ym mhen pellaf y siop yn yfed te a'r llen wedi ei thynnu ar draws y drws er mwyn i ni gael llonydd. Roedd hwn hefyd yn ŵr trwsiadus iawn oedd wedi gweithio ym Mhrydain, ond fydda fo byth yn dychmygu gofyn i mi yrru cerrig adra ar ei ran o, medda fo, *ar ôl* i mi ddweud fy hanes wrtho fo. Eistedd yno'n amyneddgar yn edrych ar res o gerrig a chadwyni arian a bocsys, a chytuno fod pob un yn hyfryd iawn iawn ond nad o'n i ddim isio prynu dim byd o'r fath. Prynu tri cherflun bach pren digon difyr yn dâl iddo fo am newid arian i mi.

Dilyn fy nghadair-injan i gyrion y ddinas i bentref yr oedd Ravi yn gyfarwydd â fo. Nesh i ddim sylwi ar y bwlch rhwng y pentref a'r ddinas mae'n rhaid i mi gyfadda, ond mae'n amlwg ei fod o'n lle poblogaidd, achos roeddan ni'n mynd heibio i lwythi o bobol oedd i gyd ar eu ffordd yno – llwyth cadair-injan o ferched oedd yn cuddio'n swil tu ôl i'w dillad lliwgar, llwyth trol o blant ysgol, tad a mab mewn cadair-feic – y naill lwyth ar ôl y llall yn mynd i'r deml. Roedd y pentref wrth droed y bryn a'r deml ar ei gopa, a'r ffordd rhwng y ddau wedi ymgordeddu ei hun o gwmpas y llethrau fel rhuban lliwgar. Gollyngwyd fi yn y gwaelod gyda gorchymyn gan Ravi i gerdded i'r top. Ar hyd bob cam o'r llwybr roedd 'na bobol yn cardota. Pob un, yn deulu neu'n unigolyn, yn eistedd ar ei gwrlid ei hun, pob un yn oren eirias, yn wyrdd ffyrnig neu'n felyn crasboeth ac yn blastar o hadau o bob math. Roedd rhai o'r teuluoedd yn perfformio er mwyn denu celc. Ambell un yn canu offeryn. Rhai eraill yn arddangos buchod wedi eu gwisgo yn yr un lliwiau â'r cwrlid oedd dan draed. Rhai eraill yn arddangos lluniau o eiconau crefyddol. Ro'n i'n meddwl mai deunydd ar gyfer cartŵn yn unig oedd y ddelwedd o Indiad yn hudo sarff o fasged, ond roedd 'na sawl un ar y llwybr i'r deml wrthi'n ddyfal yn syllu i lygaid nadroedd. Ych-a-fi! Mynd heibio i sawl gŵr duwiol yn darllen ei feibl. Ambell un arall yn gofyn i gael tynnu eu lluniau, a phob un yn eistedd mewn pyllau o hadau. O holi, yn hytrach na rhoi arian roedd y pererinion i'r deml yn taflu hadau at y tlodion, ac ar ddiwedd y dydd roedd pob un yn codi ac yn cael cadw'r hadau oedd wedi disgyn ar eu cwrlid nhw ac yn eu defnyddio nhw i bobi bara.

Cyrraedd yn ôl at y gadair-injan, ond doedd dim sôn am Ravi yn unlle. Sefyll yno fel mwnci ar ben pric yn denu llawn cymaint o sylw â'r fuwch liwgar a'r sarff ddu. Teimlo'n hunanymwybodol iawn yn ynys wen mewn môr o liw. Cael sylw sawl criw o blant. '*Hello! Your good name? Which country?*' Ysgwyd llaw ac ysgwyd pen yn ddoeth. '*Hello! Your good name? Which country?*' Dyna hyd a lled eu Saesneg nhw. '*Meera naam Anwel hai!*' a dyna hyd a lled fy Hindi inna; a waeth faint oedd rhywun yn trio cynnal sgwrs roedd hi'n dod yn ôl at yr un hen ddiwn-gron bob tro. '*Hello! Your good name? Which country?*' Yn y diwedd mi wawriodd arnai nad oedd dim diben siarad Saesneg efo nhw, felly ddechreuais i ateb yn Gymraeg. Roedd pawb yn hapus ac yn cael llawn cystal hwyl ar y sgwrs ag yr oeddan ni cynt!

Ymhen hir a hwyr fe gyrhaeddodd Ravi. Wrth gwrs,

roedd o ar dân isio mynd i siopa, ond nesh i roi fy nhroed i lawr a mynnu nad oeddan ni ddim yn mynd i neud y fath beth, ac o ganlyniad mi roddodd yntau'i droed i lawr a chwipio mynd heb boeni am na bryn na phant na'u heffaith ar ei deithiwr. Talu iddo fo wrth y gwesty – dyna pryd y dywedodd o i fod o wedi cael 50 rupee o gomisiwn am fynd â fi yno ddoe, fel'na mae'r olwynion yn troi mae'n debyg.

Holi'r gwesty i drefnu bws i mi gael symud ymlaen i Pushkar fory. Mae'n debyg mai yn y dref fechan honno mae'r ffair gamelod fwya'n y byd. Fe fydd miloedd ar filoedd o bobol yno, a go brin y bydd lle i aros yn y dref ei hun. Trefnu i fynd i'r cyfeiriad cywir p'run bynnag, ac efo tipyn bach o lwc fe fedrai ddal y diwrnod ola. Ar ôl cysgu am fymryn nesh i fentro i weld a oedd 'na negeseuon i mi ar fy e-bost, a chael rhes ohonyn nhw!

Yn eu canol nhw roedd neges gan Angharad yn gofyn a ydw i'n cadw dyddiadur ac yn dyfynnu T. H. Parry-Williams.

> Nid oes arnaf hiraeth – O Dduw paham?
> Nid yw fy nghalon am roddi llam.

Mae'n eironig fod fy nghalon i wedi rhoi llam wrth ddarllen am ei ddiffyg o i hiraethu. Roedd antur Parry-Williams i Dde America yn aruthrol o'i chymharu â'r picio o wlad i wlad dan ni'n ei wneud heddiw. Doedd ganddo fo ddim syniad be oedd o'i flaen o, a phe tasa rhywbeth yn digwydd byddai'r daith adra yn cymryd wythnosau. Allwn i fod adra 'mhen pedair awr ar hugain pe bai rhaid. Teimlo'n well wedyn.

Ffonio Mam. Os dwi wedi gwneud fy syms yn iawn mi ddylai hi fod ar gychwyn i'r capel.

'Helô? Cynefin?'

'Helô, Mam?'

'Pwy sy 'na?'

'Fi, siŵr iawn! Oes gynnoch chi blentyn arall na wn i ddim amdano fo?'

'Wel… sut wyt ti?… Wyt ti'n iawn?'

'Ydw, grêt, diolch yn fawr. Pob dim yn iawn yna?'

'Ydi. Ti 'di gadael dy gyllell boced. Ges ti het?'

'Do.'

'Lle wyt ti?'

'Yn Jaipur. Sut ma'r tywydd adra?'

'Oer ofnadwy. Wyt ti wedi cael llefydd iawn i aros?'

'Do. Grêt, diolch.'

'O… da iawn… Wyt ti 'di cael cwmpeini?'

'Do, diolch. Gwrandwch, well i mi fynd rŵan. 'Na i drio ffonio eto wsnos nesa, ond dwi'm yn gaddo. Iawn. Hwyl rŵan.'

'Hwyl. Cymar ofal.'

'Hwyl.'

Dwi'n siŵr mai dyna un o'r sgyrsiau anoddaf i mi eu cynnal erioed. Mae 'na gymaint wedi digwydd i mi ers i mi siarad efo Mam ddiwetha, ond sut mae rhywun yn dechrau ar linell ffôn sy'n costio ffortiwn? Ar dân isio dweud y cyfan am y dinasoedd a'r traffig a'r camelod a'r bobol – ond siarad am hetia haul a chyllyll poced. Er 'mod i ar fy mhen fy hun

dwi ddim yn unig a dwi ddim isio iddi feddwl 'mod i heb
gwmpeini, achos dydw i ddim. Teimlo'n ddigon od erbyn
i mi roi'r ffôn i lawr. Gobeithio nad ydw i wedi rhoi mwy
o achos iddi boeni trwy ffonio.

Gan ei bod hi'n dal yn ola dydd nesh i fentro allan am dro.
Wrth gerdded allan o'r gwesty a heibio i'r rhes o gadeiriau-
injan y gwnes i sylweddoli cyn lleied rydw i wedi cerdded
ers i mi gyrraedd yma. Bws i gadair-injan i westy i gadair-
injan i fws ydi hi wedi bod. Roedd y gwesty ar lwybr oedd
yn llechu y tu ôl i ryw stryd gefn. Yng Nghymru fe fydda
rhywun yn disgwyl gweld garej sy'n peintio ceir wedi eu
dwyn mewn lle tebyg. Nodi'r troadau yn ofalus rhag i mi
fynd ar goll ar y ffordd yn ôl. Cyrraedd y stryd fawr heb
gyfarfod neb. Mae fa'ma mor wahanol i Delhi. Cerdded
heibio i res arall o gadeiriau-injan a dim un yn holi am gael
mynd â fi. Dim llawer o bobol yn mwydro 'mhen i
chwaith.

Cyrraedd at y pictiwrs. Un o'r adeiladau mwyaf a'r
mwyaf modern yn y ddinas, mae'n dangos tair ffilm Hindi
y dydd mewn dwy theatr sy'n dal mil o bobol yr un. Roedd
'na gynffon o giw yn ymestyn dri chwarter y ffordd o
gwmpas yr adeilad ynghanol pnawn fel hyn. Gan yr Indiaid
mae'r diwydiant ffilm mwya'n y byd, wrth gwrs, ond y
rhyfeddod mwyaf am yr holl ddiwydiant ydi ei fod o i gyd
wedi ei seilio ar un stori. Hanes merch ddel isio priodi dyn
golygus, ond teuluoedd y ddau yn eu rhwystro nhw. Y
ferch yn gorfod priodi hen ddyn hyll, ond mae hi'n rhedeg

i ffwrdd liw nos i garu dan y sêr efo'r dyn ifanc golygus. Mae teulu'r ferch a'r hen ddyn hyll yn rhedeg ar ei hôl hi efo camelod chwim ac yn ei dal hi'n caru dan y sêr. Mae 'na sgarmes fawr, ond, fel mae'r teulu'n cael y gorau ar y ferch mae 'na fyddin o ddynion golygus yn ymddangos yn sydyn i helpu'r cariadon ifanc. Maen nhw'n lladd yr hen ddyn hyll, ac, fel mae hi'n digwydd, mae'r dyn golygus – heb yn wybod i neb – yn dywysog cyfoethog, ac mae o'n priodi'r ferch ac mae'r ddau'n byw'n hapus yn oes oesoedd, amen. A dyna'r unig stori sy'n cael ei hadrodd mewn ffilmiau Hindi – does dim ffilmiau gwyddonias, dim ffilmiau ditectif, dim ffilmiau antur, dim ond ffilmiau pantomeim fel hyn. Ystyried, am eiliad, mynd i weld ffilm heno, ond maen nhw'n hir ac yn sâl, i gyd yr un fath ac mewn Hindi. Tebyg iawn i ffilmiau Cymraeg ond 'mod i'n deall y rheini. Penderfynu mynd yn ôl i'r gwesty at fy llyfr.

Darllen *A Dry White Season* gan Andre Brink, hanes brwydr un dyn gwyn yn erbyn apartheid yn Ne Affrica, a chael blas rhyfeddol arno fo – os medar rhywun gael blas ar y fath beth. Eistedd yn yr ardd yn darllen wrth olau lamp a chlywed acen o hemisffer y de. Boi mawr cydnerth o Seland Newydd – mae'n rhaid ei fod o'n chwarae rygbi! Roedd o'n siŵr o sylwi 'mod i'n gwisgo crys Cymru. Rhyw wyth eiliad ar hugain gymerodd hi iddo fo alw draw.

'Hei, mêt! Crys rygbi ydi hwnna ti'n wisgo?'

'Ia, fel mae'n digwydd. Crys Cymru. Wyt ti'n gwybod am Gymru?'

'Wrth gwrs 'mod i – dach chi angen un ohonan ni i'ch hyfforddi chi!'

Mark oedd ei enw fo, cariad Niki, y twrna o'n i wedi bod yn siarad efo hi neithiwr. Roedd y ddau wedi taro ar ddwy ferch o Loegr ac yn teithio efo nhw am chydig ddyddiau. Ddiflannodd y ddwy Saesnes i'r tŷ bach yn fuan ar ôl i mi ymuno efo nhw; maen nhw wedi cael diwrnod neu ddau go galed, os oes modd maddau'r fath amwysedd! Roedd *Are you Experienced?* wedi fy rhybuddio rhag chwaraewyr rygbi, oedd yn trin teithio mewn gwlad dramor fel un trip rygbi mawr. Dyna ni Mark i'r dim.

'Dim ond dau ddeg wyth o ddyddiau i fynd.'

Doedd o ddim i'w weld yn mwynhau ei hun rhyw lawer. Mi fydda rhywun yn taeru ei fod o'n cael ei lusgo rownd y byd gan ei gariad yn erbyn ei ewyllys. Wyth diwrnod ar hugain nes y bydda fo yn niwl a mwrllwch Llundain yn cyfarfod y teulu a adawyd ar ôl yn yr hen wlad pan aeth o a'i rieni i fyw i Seland Newydd. Roedd Niki isio teithio cyn belled â Jaisalmer cyn mynd i lawr i Goa. Roedd Mark isio mynd i orwedd ar y traethau melyn cyn gynted â bo modd. Dim ond pum wythnos gafodd o ar draethau Thailand cyn y buo rhaid iddo fo godi ei bac a theithio!

'Dwi'n edrych ymlaen at fyw yn Lloegr. Dwi'n bwriadu aros yno am flwyddyn neu ddwy yn chwarae rygbi. Gymeri di beth?'

Dyma'r tro cynta i mi gael cynnig alcohol ers i mi gyrraedd y wlad, ac er bod arwydd mawr i fyny yn y gwesty yn gwahardd diod gadarn a chyffuriau, gellid dibynnu ar chwaraewr rygbi i ffeindio'i ffordd o gwmpas y broblem. Yfed Pepsi o botel ac ail-lenwi ei hanner hi efo fodca – doedd neb fawr callach. Felly fuodd hi am awr neu ddwy.

Ges i gatalog cyflawn o'i anafiadau: sawl gwaith roedd o wedi torri'i drwyn; y broblem efo'i ysgwydd a'i ben-glin; sut mai hwn oedd y tro cyntaf iddo fo gael gwddw yn ei fywyd – roedd rhaid iddo fo ddechrau ymarfer eto. Ond, fe fyddai'n well gen i tasa fo wedi glynu at rygbi, achos wedyn fe ddechreuodd o ar wleidyddiaeth.

'Tydi'r blydi Pacis 'ma ddim 'run fath â ni, 'sdi.'

'Nac ydyn, mae'n debyg.' Ro'n i'n meddwl fod hwnnw'n ateb digon synhwyrol, wedi'r cyfan mae 'na lawer o wahaniaethau.

'Ma nhw'n fudur ac yn drewi. Ma nhw'n piso'n y stryd. Ma nhw'n glynu efo'i gilydd. Priodi ei gilydd, waeth lle ma nhw. Felly ma nhw'n Llundain. Ma 'na ardaloedd cyfan lle weli di ddim un wyneb gwyn. Dwi'n iawn, yn tydw?'

'Wel… '

'Ma isio iddyn nhw gymysgu mwy i ni gael eu dysgu nhw sut i fyw'n iawn. Ma nhw mor fudur ac yn glynu efo'i gilydd ymhob man.'

Aeth Niki i'w gwely yn edrych rêl twrna blin.

Ro'n i wedi meddwl mai cael fy ngyrru i gysgu gan ystrydebau rygbi fyddwn i. Doeddwn i ddim yn disgwyl cael fy mlino gan hiliaeth. Doedd hwn ddim wedi dysgu dim ar ôl faint bynnag o fisoedd yn teithio.

'Fydd hi'n anodd i ti wneud bywoliaeth ym Mhrydain?'

'Na, fydda i'n iawn. Wna i ffortiwn. Fydd hi'n dipyn anoddach i Niki setlo. Wedi'r cyfan, mae gen i deulu a ffrindiau yno.'

Oes, rhai nad wyt ti ddim wedi eu gweld ers pedair blynedd ar ddeg, meddwn i wrthaf fi fy hun. *Siawns na fydd Niki yn ei chael hi'n haws nag wyt ti'n feddwl, brawd!*

'Na, maen nhw i gyd 'run fath. Dim ond dau ddeg wyth o ddyddiau i fynd. A dwi ddim yn mynd… dwi'n mynd i orwedd ar lan y môr yn Goa. Stwffio Rajasthan, dwi wedi cael digon. Dim ond dau ddeg wyth diwrnod o blydi Pacis… '

Tybed oedd o'n sylweddoli mai yn India roedd o?

Cymru? Morgannwg!
22 *Tachwedd*

Am hanner awr wedi hanner dydd y cyrhaeddodd bws hanner awr wedi naw.

Gadael y gwesty tua naw efo Mark a Niki a Jane a Tracy, y ddwy Saesnes. Tracy a Niki mewn un cadair-injan a Jane a finna yng nghefn y gadair arall efo tri sach anferth a dau sach bach, tra bod Mark a'i fagiau'n eistedd ar lin y gyrrwr yn y tu blaen. Chwythu a thuchan a rhegi wrthi hi ei hun wnaeth yr hen gadair-injan bob cam o'r ffordd i'r lle roeddan ni i fod i gyfarfod â'r bws – dwi'n siŵr ei bod hi'n gwybod mai dim ond deg rupee oeddan ni'n dalu, ac yn gwarafun pob modfedd i ni.

Am ddeg, roedd y bws fymryn yn hwyr. Am hanner awr wedi deg, roedd o mewn tagfa. Am un ar ddeg, roedd o wedi torri i lawr. Am hanner awr wedi un ar ddeg, roedd o wedi bod mewn damwain. Wedyn, am hanner awr wedi deuddeg, yr un pryd yn union â'r bws nesa, mi gyrhaeddodd ein bws ni. Yn ôl Mark, oedd fymryn yn sinigaidd ella, heb lenwi'r bws cynta oeddan nhw, ac wedi disgwyl yn fwriadol tan amser cinio cyn gyrru dau 'run pryd.

Roeddan ni'n edrych fel coelcerth ar y palmant lle'r oedd y bws i fod yn sefyll. Coesau a breichiau a bagiau, dillad a bwyd a diod o bob lliw a llun, iaith a chred, yn eistedd a gorweddian ar bennau'i gilydd, drwy'i gilydd, dros ei gilydd, a'r cyfan yn sych grimp dan haul y bore. Roedd ambell un yn tanio rheg bob hyn a hyn ac yn datod ei hun o'r cwlwm er mwyn deall be oedd yr esgus diweddara dros y diffyg bws. Dro arall, roedd y gwreichion yn cael eu dofi gan don o chwerthin. Os oedd y bws mewn damwain neu dagfa doedd gan y dynion yn y swyddfa yma ddim ffordd o wybod, doedd ganddyn nhw ddim ffôn hyd yn oed, heb sôn am ffôn symudol, felly mae'n rhaid mai gwneud esgusodion oeddan nhw.

Iddewes fyrlymus oedd Annabelle. Pwtan fechan hyderus yn gwisgo'i thrwyn a'i phen yn y ffasiynau diweddara; sbectol Armani dros drwyndlws a gwallt oedd prin yn cuddio'r cryman o dlysau oedd ganddi yn ei dwy glust; gwallt oedd wedi cymryd mwy o amser i'w drin nag oedd yn weddus ar gyfer dal bws ben bore ar stryd gefn yn Jaipur. Roedd ganddi griw o ffrindiau hyderus, ond heb fod yr un mor fyrlymus â hi, oedd yn gorweddian o gwmpas yn mwytho'r un bachgen, pob un yn ei thro. Doedd dim un yn hawlio mwy o berchnogaeth arno fo na'r lleill; a doedd o ddim i'w weld yn poeni o gwbwl. Roedd y criw ar droed ers deuddydd, ac i fod i dreulio blwyddyn efo'i gilydd yn yr India.

Roeddan ni – dwi'n meddwl 'mod i'n iawn ein bod ni yn *ni* erbyn hyn – wedi gosod ein sachau'n fwrdd, ac wrthi'n chwarae cardia a darllen a bwyta'r bananas a'r afalau a'r creision oeddan ni wedi'u prynu i'n gilydd. Niki a fi oedd yn darllen, a Jane, Tracy a Mark wrthi'n chwarae cardia. I ddweud y gwir, datganiad gwreiddiol Mark oedd, 'ydach chi isio i mi'ch curo chi mewn gêm o gardia?'

Dwy weddol ifanc oedd Jane a Tracy, rhyw ddeunaw neu ugain oed; y ddwy wedi gadael yr ysgol yn un ar bymtheg ac wedi hel celc tra'n gwarchod plant yn Llundain. Merch bryd tywyll oedd Tracy, oedd eisoes wedi dal lliw da yn yr haul. Doedd hi ddim i'w weld fel petai hi'n poeni ryw lawer am ddim, ac roedd hi bron yn ddi-ffael yn chwythu mwg ei sigarét allan yn gwmwl o flaen chwa iach o chwerthin. Roedd Jane yn olau a thlws efo dannedd oedd fymryn yn gam, oedd, os rhywbeth, yn ei gwneud hi'n fwy deniadol.

Does dim byd anoddach i'w thrin na merch berffaith yr olwg. Ro'n i wedi bod yn gwylio'r gêm yn datblygu. Roedd Jane yn canolbwyntio gant y cant, doedd colli ddim i'w weld yn ei phoeni hi, ond roedd hi'n gwenu'n braf bob tro roedd hi'n ennill tric. Ro'n i'n ysu iddi ennill, ac mi wyddai hi hynny. Llwyddo i ddal ei llygaid hi unwaith neu ddwy wrth iddi fwynhau ei buddugoliaethau bach; dau löyn byw bach glas yn troi i 'nghyfeiriad i am eiliad, a gwenu, cyn troi yn ôl at y cardia. Ar y llaw arall, roedd Mark yn amlwg yn casáu colli, ac yn trio bod yn cŵl wrth ennill. Jane enillodd, er mawr ddifyrrwch iddi hi a mi, ac er mawr annifyrrwch i Mark, oedd gan ddim syniad am y gêm fach arall oedd yn digwydd o boptu'r bwrdd bagiau.

Eisteddai ryw Wyddel cochlyd o'r enw Zeb dan goeden gyfagos. Roedd y goeden yn gwrando'n amyneddgar arno'n doethinebu'n huawdl a di-baid ar bob pwnc dan haul, ac yn taenu'i chysgod hyd'ddo er mwyn gwarchod ei groen sensitif. Da 'di coed pan nad oes neb arall isio gwrando – roedd ei gariad wedi disgyn i gysgu, â'i phen o gyrls tywyll ar ei lin.

Roedd yr adeilad drws nesa i'r swyddfa bysiau ar hanner ei adeiladu, neu ar hanner ei dynnu i lawr, doedd dim modd dweud. Cynhelid ryw gymaint o'r to gan goedwig o frigau llwyd, oedd nid yn anhebyg i goesau main mwdlyd dau dîm rygbi dan ddeuddeg oed, tra roedd un adeiladwr unig wrthi'n llwytho, neu ddadlwytho, trol oedd yn sownd wrth gamel. Parai hyn ddifyrrwch mawr i Annabelle, oedd, erbyn gweld, yn fyfyriwr pensaernïaeth mewn bydysawd cyfochrog; a gwibiai o gwmpas yn tynnu lluniau â'i chamera digidol.

Galwodd hanner dwsin o gardotwyr heibio i ni.

'*Baksheesh*? *Baksheesh*? Un rupee, syr? Un rupee?'

'*Fuck off!*'

Gymrodd Mark arno'i hun i ateb drostan ni, gan ychwanegu, '*fucking Pakis,*' dan ei wynt. Wn i ddim be barodd iddo fo sibrwd, 'di o ddim yn arfer bod mor gynnil. Mae'n amlwg mai nid y fodca oedd yn siarad neithiwr –

roedd ei ddaliadau fo'n union yr un fath yng ngolau haul,
llygaid goleuni. Estynnais i bump rupee i'r ddynes druan ac
fe wnaeth Jane yr un fath – tric arall i mi, dwi'n meddwl.

O'r diwedd mi gyrhaeddodd y bws. Yn ôl dyn y swyddfa
roedd o wedi parcio yr ochr arall i'r lôn – dwi'n ama'n gryf
ei fod o wedi bod yno drwy'r bore. Mi ofalodd Mark am y
bagia, oedd yn cael eu clymu ar do'r bws – chwara teg iddo
fo. Roeddan ni i fod i ofalu am ei sêt o – ac os oedd 'na
unrhyw 'Baci' yn eistedd yn ei le fo pan fydda fo'n dringo
ar y bws, fydda fo'n hanner ei ladd o. *Dim ond hanner... ?*
meddwn i wrthaf fi fy hun. Roedd fy sêt i yng nghefn y
bws, a'r pedwar ohonyn nhw'n nes i'r tu blaen. Ro'n i'n
rhannu efo Robbie, cigydd o Seland Newydd, oedd yn
mynd i fod yn dathlu'r Nadolig yn Llundain, ac oedd yn
treulio o leia blwyddyn draw ym Mhrydain. Fues i'n
doethinebu am anifeiliaid yn cael eu gwerthu am y nesa
peth i ddim, a chig yn dal yn ddrud, ac felly fod rhywun yn
siŵr o fod yn gwneud ffortiwn ac mae'n rhaid mai'r cigydd
oedd hwnnw, a'i fod o'n siŵr o gael gwaith.

Pen draw ein taith ni i gyd oedd y ffair gamelod fwya'n
y byd, sy'n cael ei chynnal yn Pushkar ar hyn o bryd.
Roedd y rhan fwyaf ar y bws am fynd ar eu pennau i'r ffair,
tra ro'n i wedi penderfynu aros mewn tref fach o'r enw
Ajmer oedd ar yr ochr arall i'r mynydd o Pushkar. Doedd
dim dal bod 'na le i aros yn mynd i fod yn Pushkar, a beth
bynnag, roeddan ni deirawr yn hwyr yn cyrraedd. Pan
arhosodd y bws yn Ajmer fe fuo rhaid i mi ddringo i ben y

bws i chwilio am fy sach. Pan fethais i ei gweld hi ar fy union nesh i ama fod Mark wedi ei gadael ar ôl yn Jaipur, a bod Cymry yn yr un cwch a 'Pacis' cyn belled ag yr oedd o'n y cwestiwn. Ond fe ddaeth i'r fei, ac mi lwyddais i'w lusgo fo o waelod y domen cyn i'r gyrrwr golli pob amynedd a chychwyn ar ei daith drachefn a minnau'n dal ar y to. Wrth i'r bws adael nesh i sylweddoli 'mod i wedi cerdded oddi arno fo heb ffarwelio â Niki, Tracy, Mark na hyd yn oed Jane. Welwn i byth mohonyn nhw eto.

'Run oedd y cynllun. Pwyllo, a mynnu cael cadair-injan resymol i fynd â fi i'r gwesty o'n i wedi'i ddewis. Fe weithiodd i'r dim – ond fod y gwesty'n llawn. Mynnu mynd i'r swyddfa dwristiaeth a chael cyfeiriad lle yn fan'no. Hill Top Cottage, *'located in the posh colony of the city'* oedd hi i fod heno 'ma. Roedd y *'posh colony'* gam bach allan o'r dref, ac, yn ddigon addas mae'n debyg, ar ben bryn yn edrych i lawr ar weddill y dref. Doedd dim byd yn arbennig am yr ardal, nac am y gwesty, ond roeddan nhw'n gwneud y tro'n iawn.

Mentro allan cyn iddi fachludo, a sylwi ar ddau berson ifanc gwyn yn chwarae criced efo plentyn bach tu allan i'r tŷ ar draws y ffordd. Treulio rhai munudau yn siarad efo'r cwpwl, Tom a Jo; mae'n debyg eu bod nhw wedi sylwi arna i neithiwr yn yr Evergreen, a'u bod nhw'n aros yn yr Hill Top hefyd. Ymhen sbel fe gollodd y plentyn bach bob amynedd efo'n sgwrs ni, bachgen hynod o annwyl ac yn amlwg yn perthyn i'r *'posh colony'*, Roedd o'n gwrtais a thrwsiadus a deallus a doniol, ac wedi mopio'i ben efo criced. Cyflwynodd ei hun:

'Rajiv ydw i, mae'n dda gen i gwrdd â chi,' (dwi'n siŵr mai 'chi' fydda fo wedi ei ddweud pe bai o'n siarad Cymraeg).

'Pnawn da. Arwel ydw i. Dwi'n dod o Gymru.'

Crychodd ei aeliau am eiliad, ond roedd o'n rhy gwrtais i osod geiriau i'w feddyliau a dweud, 'lle ddiawl mae fan'no?' a beth bynnag roedd o ar frys i ailgydio yn y criced.

O be ddeallais i o'r gêm gardd gefn oedd ar ei hanner, roedd gan bob wal a giât ei gwerth ei hun o bwyntiau, a'r bocs haearn o flaen drws y tŷ oedd y stympiau. Roedd Rajiv yn bowlio a batio'n ddeheuig yn steil gwahanol gricedwyr. Doeddwn i ddim yn deall p'run oedd p'run, ond ro'n i'n deall digon i weld eu bod nhw'n wahanol i'w gilydd. O dro i dro fe ymddangosai llaw fechan yn y drws efo plât o fisgedi neu felysion – y fam oedd hon yn estyn croeso i ni heb ddangos ei hwyneb. Ymhen sbel daeth gwên i wyneb Rajiv nes bod ei ddannedd gwyn o'n sgleinio llawn cymaint â'i wallt du, rhedodd draw ata i a chodi fy llaw yn yr awyr a gweiddi, 'Morgannwg! Tîm criced Morgannwg,' dros bob man. Roedd Cymru ym Morgannwg. Nesh i ddim dadlau – llawer.

Wrth ddychwelyd i'r tŷ, mi gafodd y tri ohonon ni wahoddiad i swper efo'r teulu. Teimlo y byddai'n well i mi newid a molchi rhywfaint os o'n i'n mynd i gael bwyd efo pobol ddiarth. Cael cawod a newid, a dringo i do'r tŷ i ymlacio cyn swper ac i wylio'r machlud mwyaf ffantastig. Fues i am sbel cyn sylweddoli be'n union oedd yn wahanol am yr olygfa hon, ac ymhen hir a hwyr mi wawriodd arnai 'mod i, o'r diwedd, ar ôl croesi cannoedd o filltiroedd o wastadeddau, wedi cyrraedd y mynyddoedd. Roedd Ajmer ar waelod powlen berffaith, oedd wedi cael ei llunio pan oedd y cylch o fynyddoedd o gwmpas yn glai. Mentrai ambell i lwybr malwen o lampau i fyny ochr y mynydd, ond ar y cyfan roedd y goleuadau i gyd wedi setlo ar waelod y bowlen fel twmpath o Rice Crispies; a chan fod 'na dân gwyllt yn cael eu goleuo mewn partïon priodas yn y dref, roedd y Rice Crispies yn clecian hefyd.

Cael cwmni Tom a Jo. Roedd y ddau yn dod o dde-ddwyrain Lloegr ac newydd orffen eu gradd, fo'n seicolegydd chwaraeon a hithau'n athronydd. Roeddan nhw'n gariadon ers dyddiau ysgol ac wedi teithio'n helaeth – blwyddyn o ddysgu yn Affrica, gwyliau yn Mecsico, a dyma'r ail dro iddyn nhw fod yn yr India. Mae'n debyg nad oedd o ddim yn amherthnasol fod ei dad o'n feddyg a'i theulu hithau'n ffermwyr – doedd ffermwyr de-ddwyrain Lloegr ddim cweit yn yr un cwch hwylio â ffermwyr Cymru. Rhywsut roedd eu cyrff yn gweddu i'w cymeriad – llencyn llac ei gymalau yn treulio'i amser mewn cap cadach llipa oedd Tom, a hithau'n fychan a bregus yr olwg, yn ryw hanner cuddio dan sgarff sidan. Chwarae teg i Tom, roedd o'n ofalus iawn i wahaniaethu rhwng Cymru, Lloegr a Phrydain, ac fe gymerodd Jo ddiddordeb mawr yn fy nyddiadur i gan ei bod hithau'n cadw un hefyd. Cael y ddau yn gwmni difyr, deallus a chlên dros ben.

Cael ein galw i lawr i swper. Gosodwyd ein bwyd yn y stafell gefn, a chawsom gwmni tri o blant bach oedd yn gwylio cartwnau ar y teledu. Gawson ni *bahjee* llysiau a reis, a bara *chapati* a *dahl*, salad tomato a nionyn, a chyn ein bod ni wedi gwneud unrhyw argraff ar y bwyd roedd y wraig yn dod ac yn cynnig rhagor a rhagor a rhagor – roedd o fel cael te-llestri-gorau gan Mam pan oedd 'na bobol ddiarth acw. Yn y diwedd fe beidiodd y wraig a chario bwyd, ac fe olchwyd y cyfan i lawr gan ddŵr potel a llaeth enwyn, er mwyn oeri'r geg – fentrwn i ddim dweud nad o'n i ddim yn lecio llaeth enwyn, dydi rhywun ddim yn gwneud petha felly pan mae o'n cael te-llestri-gorau.

Trefnu i gael cwmni Tom a Jo ar y daith i Pushkar fory, ac i gyfarfod ar y to efo'r wawr.

Fel dod o hyd i gamel mewn tas wair
23 Tachwedd

Omlet efo nionyn, tost a jam a the sunsur i dri dan haul cynnes, a hynny ar do'r tŷ am wyth o'r gloch y bore. Allwn i fod wedi aros yno trwy'r dydd, ond fod Tom a Jo'n frwd i gychwyn. Cyrraedd yr orsaf fysiau a chael ein trefnu'n rhengoedd o ddynion a merched, dwy reng ar y tro yn arwain at un bws. Bob tro roedd bws yn llenwi mi roedd o'n cychwyn ac roedd un arall yn cymryd ei le, trwy'r dydd, bob dydd tra roedd y ffair ymlaen. Felly y cychwynon ni am Pushkar.

Ni oedd y rhai cynta ar ein bws ni, ond cyn i ni droi roedd o'n llawn, a'r awyrgylch yn debyg iawn i drip Ysgol Sul. Roedd 'na bob math o bobol ar y bws, bach a mawr, hen ac ifanc, a phawb â'i bac yn ei law, dan ei gesail neu ar ei ben; rhai yn llawn brechdannau, rhai eraill yn llawn nwyddau i'w gwerthu yn y ffair, pawb mewn dillad traddodiadol lliwgar a phawb yn hapus. Lawr yn nhu blaen y bws roedd 'na ddwsin o ferched tua'r un oed wedi eistedd, ac unwaith y cychwynnodd y bws fe ddechreuon nhw ganu i gyfeiliant y clychau oeddan nhw'n wisgo am eu ffêr a'u garddwrn. Mae'n debyg mai dyna oedd eu fersiwn nhw o 'Bing Bong'.

Unwaith oeddan ni allan o'r dref roeddan ni'n dechrau dringo'n ara deg iawn i fyny Nag Paher, Mynydd y Sarff – mor araf nes i ni ddod i stop ar un adeg. Doedd *hill starts* ddim yn un o gryfderau'r gyrrwr, a phe bai o wedi gorfod cymryd prawf mae'n amheus gen i y byddai o'n llwyddo, achos ymhen dim fe ddechreuodd y bws rowlio am yn ôl. Doedd ganddo fo ddim llawer o ffordd i rowlio, achos roedd 'na fws arall wrth ei din o, ond cyn iddo fo daro hwnnw fe neidiodd criw mawr o ddynion allan a'i ddal o yn ei unfan. Aeth y bws yn ei flaen heb yr un gŵyn na phanic o fath yn y byd. Fyddai digwyddiad felly wedi tynnu ymchwiliad cyhoeddus i'w ben yng Nghymru.

Ymhen sbel arhosodd y bws. Do'n i ddim yn siŵr os oeddan ni wedi cyrraedd y ffair ai peidio, ond roeddan ni wedi cyrraedd y man lle'r oedd y bysys i gyd yn aros. Gadael y bws, ac edrych o'n cwmpas gan feddwl dilyn y dorf i gyfeiriad y camelod. Fe gychwynnodd y tri ohonon ni i gyfeiriadau gwahanol cyn ail-feddwl a holi hwn a'r llall, a chael awgrymiadau anelwig y dylen ni fynd ar ein pennau i mewn i'r anialwch. Cychwyn i gyfeiriad ryw faneri oedd ar ben y twyni tywod ar y gorwel. Erbyn i ni gerdded dau neu dri chan llath drwy dywod oedd yn llawn morgryg a mieri, fe benderfynodd Tom a Jo, oedd yn gwisgo sandalau am eu traed, y byddai'n well dewis cyfeiriad arall. Dyma ofyn i hen ŵr oedd â ffon fugail yn ei law, tyrban am ei ben a mwstásh oedd mor felyn nes ei fod o'n edrych fel pe bai 'na hanner owns o Golden Virginia o dan ei drwyn o. Gwnaeth hwnnw synnau cadarnhaol, aros i boeri ei joi o faco, a phwyntio'n awdurdodol i gyfeiriad y gogledd a chychwyn cerdded efo ni. Roeddan ni'n siŵr o gyrraedd rŵan. Pan arhoson ni i gael diod o ddŵr fe arhosodd ein tywysydd answyddogol hefyd. Pan gychwynon ni drachefn a throi, heb feddwl, i'r cyfeiriad arall, fe ddilynodd yr hen ŵr. Fe sylweddolon ni mewn dim o dro mai fo oedd yn ein dilyn ni – bugail dall yn arwain defaid dall. Erbyn hyn, fodd bynnag, roeddan ni wedi sylwi ar ffrwd fechan o bobol oedd yn symud efo'i gilydd i un cyfeiriad – dyma ddilyn rheini.

Crwydro efo'r ffrwd o bobol heibio i stondinau o bob math, ac os o'n i wedi dychmygu am eiliad y byddai'r stondinau'n llawn o'r crefftau traddodiadol gorau, ges i fy siomi. Roedd y rhain yn llawn gynnau plastig, io-ios plastig, peli plastig a chyllyll a ffônau symudol plastig; rêl Royal Welsh o le – a dim un camel. Fe dyfodd y nant fechan o bobol oedd yn llifo'n araf i lawr y lôn lydan yn afon fawr oedd yn llifo i lawr lôn gul. Cyn pen dim, doedd gan yr un ohonon ni unrhyw syniad i ba gyfeiriad oeddan ni'n mynd, a'r cyfan oeddan ni'n medru'i wneud oedd aros efo'n gilydd. Roedd hi fel brwydro trwy'r dorf ar ôl gêm rygbi ryngwladol. Chydig feddylien ni fod y dilyw yma'n mynd i barhau am chwech awr solet.

Fe'n sgubwyd ni o'r naill ochr o'r stryd i'r llall. Ambell waith roeddan ni'n cael cip ar siop yn gwerthu dillad neu nwyddau traddodiadol, ambell i beth oedd yn tynnu sylw, ond bod rhywun yn medru gwneud dim ond llifo heibio iddyn nhw. Mae'n debyg bod yna chwarter miliwn o bobol yn y ddinas, cymysgedd o ffermwyr a thwristiaid a phererinion crefyddol – ffair fwyaf yr India mewn lle o faint Tregaron, ond fod y strydoedd yn gulach! Roedd pawb yn symud ond neb yn mynd i unlle – a doedd 'run ohonon ni wedi gweld camel o unrhyw fath.

Llwyddo i aros, a phenderfynu dringo i un o'r myrdd o gaffis oedd ar ben toeau'r siopau. Dilyn yr arwydd, fi gynta a Tom a Jo'n dilyn. Cyn pen dim roeddan ni ar risiau cul, cul oedd yn dringo'n serth trwy dywyllwch dudew. Doedd dim math o olau yn unlle, ac wrth droi un cornel arbennig o dywyll, gyda 'mraich wedi ei hestyn allan o 'mlaen – bron nad o'n i'n medru gafael yn nhrwch y tywyllwch erbyn hyn, dyma fi'n teimlo llond llaw o rywbeth blewog. Mae'n rhaid 'mod i wedi sgrechian fel plentyn, neidio o 'nghroen a rhedeg nerth fy nhraed i fyny gweddill y grisiau. Dim ond pan ofynnodd Tom i mi be oedd yn bod nesh i drio meddwl be o'n i wedi ei gyffwrdd, ac mi daerwn i 'mod i wedi gweld gwreichionen o wên wen yn y tywyllwch, ac mai llond pen o wallt oedd yn fy llaw i. Roedd hi'n hawdd chwerthin ac anghofio am ysbrydion a phetha felly wrth eistedd yn yr haul a gwylio'r miloedd yn gwasgu heibio oddi tanan ni. Holi am dair potel o Pepsi a mwynhau lliwiau'r dydd.

Ymhen sbel fe esgusododd Tom ei hun, a phan ddaeth o'n ôl roedd o'n glana chwerthin. Gymrodd o beth amser iddo fo ddod ato'i hun. Erbyn deall, roedd o'n medru taflu peth goleuni ar y tywyllwch oedd wedi dychryn cymaint arnan ni bum munud ynghynt. Pan ofynnodd o am gael mynd i'r tŷ bach, gafodd o gynnig cannwyll a'i arwain at be oedd yn ddim mwy na cheudwll yn y wal ar un o gorneli'r grisiau. Mae'n rhaid bod rhywun wedi diffodd ei gannwyll wrth ein clywed ni'n dringo'r grisiau, a 'mod i wedi cyffwrdd ym mhen rhywun oedd yn cyrcydu yno'n meindio'i fusnes. Doeddwn i ddim yn siŵr os o'n i'n teimlo'n well ta'n waeth! Ond fe chwarddodd y tri ohonon ni nes ein bod ni'n sâl. A ninnau'n rêl gwŷr bonheddig, Jo gafodd arwain y ffordd yn ôl i lawr i wallgofrwydd y stryd i weld os y gallen ni ddod o hyd i gamel.

Doedd pethau'n gwella dim. Ar un groeslon roedd y plismyn wrthi'n trio rheoli llif y traffig dynol trwy godi ffens fawr bren ynghanol y ffordd, ond cyn pen dim roedd pobol yn dringo oddi tani hi, drosti hi a thrwyddi hi. Wrth i hyn ddigwydd, mae gen i ryw gof bod 'na fachgen wedi croesi reit o 'mlaen i gan daro i mewn i mi, cyn gwthio'n ei flaen. Yn fuan ar ôl hyn y ces i ryw deimlad rhyfedd fod rhywbeth wedi digwydd, dim mwy na theimlo fod 'na ddeilen fechan wedi disgyn yn Rhos-y-bol, ond heb os roedd 'na rywbeth o'i le. Sylweddoli mewn dim o dro bod fy walet i wedi ei dwyn. Allwn i ddim hyd yn oed aros i feddwl, roedd rhaid dal ati i fynd efo'r llif. Os oedd y rhestr oedd gen i yn fy mhen yn iawn do'n i ddim wedi colli llawer. Er gwaetha popeth ro'n i'n teimlo fy mhocedi'n gyson rhag ofn 'mod i rywsut wedi methu teimlo'r walet oherwydd gwylltineb y dorf. Dwi'n siŵr nad oedd dim mwy na thri chan rupee ynddi hi – pedair punt. Ond eto ro'n i newydd godi pedair mil. Ro'n i wedi cadw rheini'n saff yn y pwrs oedd gen i am fy ngwddw bob awr o'r dydd ers gadael Cymru. Ble'r oedd gweddill y sieciau? Mae'n rhaid bod rheini'n crogi am fy ngwddw i hefyd. Dwi ddim yn meddwl fod fy ngherdyn credyd i'n y walet, ond be am fy nghardiau banc? Yr unig bethau o'n i'n gwbwl saff 'mod i wedi'u colli oedd y pethau mwyaf gwerthfawr ar un wedd, sef y lluniau dwi wastad yn gario efo fi. Fe fydd modd tynnu rhagor o rheini debyg. Gweiddi ar Jo a Tom i ddweud be oedd wedi digwydd ac ymhen hir a hwyr cael cyfle i aros.

Doeddwn i ddim wedi colli llawer o bres, roedd fy sieciau sbâr, fy ngherdyn credyd a fy nhocyn awyren am fy ngwddw. Ro'n i wedi colli'r lluniau, tua tri chan rupee, a fy nghardiau twll-yn-y-wal, ond doedd rheini ddim iws i neb. Ymwthio ymlaen a dilyn y dorf – mae'n rhaid bod 'na gamel yma'n rhywle. Cyn i ni fynd ymhell iawn, pwy welais i'n dod tuag ata'i ond Jane, a Mark yn dod tu ôl iddi, arhoson ni am eiliad i ddisgwyl i'r ddwy arall gyrraedd o rywle, ond cyn i ni gael amser i wneud fawr mwy na chadarnhau fod pawb yn iawn fe'n sgubwyd ni i ffwrdd i gyfeiriadau gwahanol gan y dorf. Meddwl yn ddifrifol am y ffawd oedd wedi mynnu ein bod ni i gyd yn cyfarfod eto mewn torf o chwarter miliwn. Roedd hynny'n anoddach nag ennill y loteri. Meddwl yn fwy difrifol, a sylweddoli ei bod hi bump deg a chwech gwaith yn haws cyfarfod â Jane yn y dorf yma nag ydi ennill y loteri! Ond tybed ydi hi'n haws ennill na chyfarfod â chamel?

Aros eto am ddiod oer ar ben un o'r toeau. Wrth gwyno am y dorf y gwnaethon ni sylweddoli nad oedd Jo druan yn edrych yn hapus o gwbwl. Os oedd hi'n anodd ar Tom a finna roedd hi saith gwaith gwaeth arni hi. Mae'n debyg ei bod hi'n darged teg i bob dyn oedd yn dod o fewn hyd braich iddi, roeddan nhw'n gafael yn ei thin hi a'i bronnau hi ac unrhyw ran arall ohoni oedd o fewn cyrraedd. Roedd y dorf mor fawr doedd dim modd iddi wneud dim. Trio ymdrechu i'w chadw hi rhwng Tom a finna, wrth daflu ein hunain drachefn oddi ar ris isa'r caffi i mewn i'r llif. Erbyn hyn, ro'n i wedi cael llond bol a doedd gen i fawr o ots os o'n i'n gweld camel ai peidio.

Ond, wrth gwrs, unwaith mae rhywun yn rhoi'r gorau i chwilio, mae rhywun yn dod o hyd i bethau, wel eu holion nhw, beth bynnag. Yn sydyn fe'n hyrddiwyd ni o afael yr holl bobol i gae mawr o dywod oedd wedi bod yn llawn o gamelod – roeddan nhw wedi gadael digon o dail ar ôl fel tystiolaeth. Bellach, doedd 'na ddim ond dau hen gamel yn y cae; ond ro'n i wedi gwirioni, achos heblaw am y ddau gamel roedd y cae yn llawn o dractors Massey Ferguson 35 X. Tractor felly oedd genno ni adra ar y ffarm ers talwm, a do'n i ddim wedi gweld un ers blynyddoedd. Rhain oedd camelod diwedd yr ugeinfed ganrif. Ro'n i'n ysu am gael gyrru un, ac mae'n rhaid bod y cynnwrf yn amlwg ar fy wyneb i, achos doedd Tom a Jo ddim yn deall pam 'mod i wedi cynhyrfu gymaint. Doeddan nhw ddim yn gweld yr hyn o'n i'n ei weld, 'runig beth oedd yno iddyn nhw oedd dau hen gamel oedd yn edrych fel pe baen nhw'n ddigon hen i berthyn i'r doethion. Nesh i ddim trio egluro – fysan nhw ddim yn deall! Mae'n debyg bod yr olaf o'r camelod wedi eu gwerthu ers dyddiau, ac mai'r unig reswm bod y tyrfaoedd yma heddiw oedd er mwyn cael nofio yn y llyn dwyfol. Cefnu'n anfoddog ar y cae llawn tractors.

Cymryd un gwynt mawr a throi am adra. Wrth gwrs, er mwyn gwneud hynny, roedd rhaid cerdded yn ôl trwy'r un dorf ag yr oeddan ni wedi ei diodda ers oriau. Ta waeth, teg edrych tuag adref! Ond o'n blaenau ni roedd 'na dorf nad oedd yn symud i unlle, roeddan nhw'n sefyll yno fel pe baen nhw'n gwylio gêm o rygbi. O bell roeddan nhw'n edrych fel llond tiwb o Smarties, torf o bennau, a phob un yn gwisgo tyrban mawr lliwgar. Symud yn nes i gael gweld. Ond wrth i ni symud yn nes, roedd y dorf yn agor fel y Môr Coch (a melyn, ac oren a gwyrdd a glas) ac yn gwneud lle i ni gerdded heibio. Ymhen dim roedd 'na filwr wedi ymuno efo ni i wneud y siwrna'n haws – tybed ble oedd hwn wedi bod trwy'r dydd? Wedyn fe gawson ni'n harwain i gorlan gysgodol, glyd, a chael gorchymyn i eistedd i lawr. Dyna lle'r oedd y tri ohonon ni ar gadeiriau cyfforddus, dan gysgod cwrlid eang oedd yn cael ei gynnal gan bolion, yn edrych allan dros y cylch mawr lle'r oedd prif ddigwyddiadau'r pnawn ar fin dechrau. Chymrodd hi ddim llawer i ni sylweddoli, tra bod y dorf o amgylch y cylch yn lliwgar tu hwnt, fod y criw oedd o'n cwmpas ni yn hynod o ddi-liw – yn wir roedd pawb, bron yn ddieithriad, yn wyn! Ro'n i'n teimlo'n rhyfedd o anghyfforddus. Es i i lawr at ymyl y cylch i chwilio am eglurhad. Uwchben y gorlan roedd 'na arwydd mawr yn dynodi ei chynnwys – 'foreigners'! I'r dde roedd 'na arwydd yn dwyn y llythrennau VIPs ac wedyn un oedd yn mynnu mai VVIPs – Very, Very

Important People yn unig oedd yn cael eistedd yn fan'no! Ar y dde eithaf roedd 'na fand pres mewn lifrau coch, allai'n hawdd fod wedi martsio bob cam o Sgwâr Traffalgar. Roeddan ni wedi mynd yn ôl mewn amser. Roedd y Raj yn eu hanterth a ninnau'n rhan o'u sioe nhw!

Ymlwybro'n hamddenol yn ôl i'm sedd – mae'n rhyfedd pa mor fuan mae rhywun yn dygymod â'i statws newydd mewn cymdeithas – a pharatoi i fwynhau pnawn o adloniant. Tybed oedd llewod yn bwyta Cristnogion yn yr India – neu o'n i'n cymysgu?

Erbyn gweld, roedd digwyddiadau'r pnawn yn debycach i brynhawn chwaraeon ysgol gynradd nag i be oedd yn deilwng o ffair gamelod fwya'r byd. Tynnu torch rhwng merched yr India a merched gweddill y byd, oedd wedi'u dewis o blith trigolion corlan y fforinars, wedyn daeth tro y dynion. Roedd yr Indiaid, yn ferched ac yn ddynion, yn twyllo o'i hochor hi, a doedd dim dwywaith mai'r India oedd yn ennill cyn dechrau. Wedyn daeth y 'gamp' ryfedda yn y byd – a ddylai gael ei gosod ar ôl tidliwincs a phigo'ch trwyn yn y rhestr ar gyfer cael ei derbyn fel camp Olympaidd. Dwn i ddim be oedd yr enw arni, ond roedd o'n golygu cael deg o ferched o bob tîm i sefyll mewn rhes efo'u breichiau wedi eu clymu tu ôl i'w cefnau, wedyn roedd 'na lein ddillad yn cael ei chodi uwch eu pennau, a pheth-da yn crogi oddi arni, ryw chwe modfedd uwchben pob merch. Pan oedd y gloch yn canu, roedd rhaid i'r merched neidio a thrio dal y peth-da rhwng eu dannedd cyn rhedeg efo fo, a'r cyntaf i'w boeri dros y llinell derfyn oedd yn ennill. Doedd gan weddill y tîm ddim cyfraniad i'w wneud. Mi gymerodd hyn dri-chwarter awr Indiaidd iawn i'w drefnu, ac roedd y cyfan drosodd mewn llai na hanner munud. Rhyfedd iawn.

Doedd y rasus camelod ddim yn annhebyg – oriau i drefnu, a'r cyfan drosodd mewn dim o dro – ond o leia fedra'i ddweud 'mod i wedi gweld camel oedd a'i bedair troed ar dir y byw. Troi o hafan y tramorwyr yn ôl i blith y werin a'r wasgfa. Erbyn hyn roedd pethau chydig bach yn dawelach, fodd bynnag, ac roedd modd crwydro'n hamddenol heibio i siopau yr oedd rhywun wedi nofio heibio iddyn nhw rai oriau ynghynt. Dwi'n siŵr y gallai fa'ma fod yn lle braf iawn heb y torfeydd.

Cael ar ddeall fod 'na seremoni hyfryd iawn ar fachlud haul, pan mae'r pererinion sydd wedi bod yn ymolchi yn y llyn trwy'r dydd yn gollwng canhwyllau ar wyneb y dŵr er cof am eu hanwyliaid a fu farw yn ystod y flwyddyn. Does neb yn gwybod pa mor hen ydi Pushkar, ond mae'n debyg fod y llyn cyn hyned â'r greadigaeth ei hun. Yn ôl traddodiad, fe darddodd y llyn dwyfol sydd yng ngannwyll llygad y dref o'r union fan y gollyngodd Brahma, Arglwydd y Greadigaeth, flodyn lotus. Yn ddiweddarach, pan oedd o am gynnal aberth sanctaidd ar lan y llyn, a phan wrthododd Savitri, ei wraig, gymryd rhan, fe briododd o ddynes arall o'r enw Gayatri yn y fan a'r lle. Yn ei dicter fe dyngodd Savitri na fyddai Brahma, er cyn bwysiced oedd o, yn cael ei addoli yn unlle yn yr India ond yn Pushkar. Ac felly mae hi hyd heddiw, hon ydi'r unig deml yn yr India wedi ei chysegru i Arglwydd y Greadigaeth. Ar ddau fryn uwchlaw'r llyn mae dwy deml arall, un wedi ei chysgeru i

Savitri a'r llall i Gayatri. Mae Brahma druan yn treulio tragwyddoldeb rhwng y ddwy ddynes 'nath o bechu!

Penderfynu mynd i gyfeiriad y Sunset Cafe – o leia roedd 'na awgrym bod modd gweld y machlud o fan'no! Roedd digon o le i eistedd yn y caffi ac i fwynhau pryd o fwyd blasus cyn troi at y lan i werthfawrogi'r machlud dros y llyn sanctaidd. Wrth i ni eistedd ar y grisiau oedd yn arwain i lawr at y llyn, fe ddaeth 'na hogyn bach i sefyll o'n blaenau ni. Wrth gwrs, ein hymateb cyntaf oedd i'w hel o o'no. Ond fe ddaliodd o'n sylw ni pan dynnodd o wy allan o 'nhrwyn i. Mi aeth yn ei flaen i wneud rhes o driciau nes ein bod ni wedi'n cyfareddu ganddo fo. Erbyn i ni godi'n pennau drachefn roedd 'na ddeigryn yn llygad y lleuad wrth i'r canhwyllau bychan fentro allan fesul un ar ddŵr y llyn ac i dawelwch rhyfedd ddisgyn dros y dref, oedd wedi bod wrthi trwy'r dydd yn rhedeg ar ôl ei chynffon ei hun.

Mentro dilyn y dorf eto, gan obeithio dal bws am adref y tro hwn. Roedd yno res o fysys, a'r naill yn cyrraedd wrth i'r llall adael. Ro'n i ar dân isio ymuno â'r criw ar do'r bws, ond roedd Jo wedi cael digon ar griwiau mawr o ddynion ac yn barod i fodloni ar eistedd rhwng Tom a finnau ar sedd i dri. Cyrraedd adra, cael cawod sydyn, bachu cadair gyffordus ar y to efo'r lleill a gwerthfawrogi tawelwch a llonyddwch y lle.

Roedd Tom a Jo am fynd ar eu hunion i Jodhpur, a finnau'n mynd i Udaipur. Mae'r llyfrau'n disgrifio Udaipur fel Fenis yr India – fyddai hi'n braf gweld tipyn o ddŵr. Yno mae'n debyg y ffilmiwyd y ffilm James Bond sy'n dwyn y teitl *Octopussy*! Ro'n i wedi trefnu gwely'n fa'ma dros y ffôn, ac fe rybuddiodd y boi fi y medrwn i gael trafferth cyrraedd yno. Y rheswm bod y lle yma wedi tynnu fy sylw i oedd ei fod o mor ofnadwy o rhad, ond mae'n debyg ei fod o'n rhad am bod y perchennog yn gwrthod talu comisiwn i yrwyr cadair-injan. Oherwydd hynny, mae gyrwyr yn gwrthod mynd â neb yno! Mi fyddai hi'n dda cael cwmni Tom a Jo am chydig eto, ond os nad ydi hynny i fod, dio ddim i fod. Os bydd Udaipur cystal â'r broliant, ella gwna'i aros am rai dyddiau.

Taith gyfforddus i Udaipur
24 Tachwedd

Codi am frecwast, a chael bod ein cwmni diddan o dri
bellach yn bump. Roedd 'na ddau gariad o Lundain wedi
ymuno efo ni. Dwi ddim yn cofio'u henwau nhw, ond
roedd hi'n ymdrechu'n galed i guddio ryw dinc rhanbarthol
yn ei llais dan acen wneud, ac yntau'n gwneud dim
ymdrech o gwbwl i guddio'i acen Sbaenaidd. Newydd
gyrraedd yr India oeddan hwytha, ac mor las a finna ym
myd y teithwyr.

'Mae'r bysiau mor fudur a'r trenau'n gwbwl annioddefol,' medda hi.

Fe ddaeth 'na ddelwedd i'n meddwl i o Glenys, gwraig Rhisiart, yn teithio'r India efo Manwel oddi ar *Faulty Towers*.

'Fe fuon ni'n hynod o lwcus. Digwydd dod o hyd i fachgen oedd yn gyrru tacsi. Mae o am fynd â ni o amgylch y dalaith am chydig ddyddiau.'

Doedd dim angen *Rough Guide* ar rhain, ac mae'n siŵr bod y 'bachgen' wrthi'n deffro ar sedd gefn ei dacsi yn hanner breuddwydio am fod adra efo'i wraig a'i blant. Erbyn i mi fod i lawr grisiau yn talu i ŵr y llety roedd Tom a Jo wedi bachu reid efo Glenys a Manwel i Jodhpur. Hei lwc!

Pwy sy angen tacsi? Nid fi! Ffarwelio. Dymuno'n dda. Ffeirio cyfeiriadau e-bost na fydd byth yn cael eu defnyddio, a'i throi hi am Udaipur. Llwyddo i gael bws rhad – doeddwn i ddim angen moethusrwydd y Super Delux x 2 hyd yn oed. Cael fy ngosod, fi a fy sach mawr a fy sach bach, wrth ymyl cyfandir o ddynes mewn cefnfor o sari. Wrthi'n meddwl bod lle'n brin o'n i pan eisteddodd ei gefaill hi ar yr ochr arall i mi. Allwn i ddim peidio â theimlo fel croes eiddil San Cristoffer yn crogi am wddw pladres o ddynes ac yn cael ei gwasgu'n ddidrugaredd rhwng dwy fron fawr flonegog oedd yn siglo'n ôl ac ymlaen ac i fyny ac i lawr fel oedd y bws yn mynd. Roedd y gwragedd yn syllu yn union o'u blaenau heb wynebu'i gilydd, na siarad efo'i gilydd na phoeni iot am y mymryn peth oedd yn mygu yn y canol rhyngddyn nhw. Barodd hyn am oriau. Pwy sy angen tacsi? Ches i ddim cynnig un hyd yn oed!

Cyrraedd Udaipur, a chyrraedd y Mewar Inn yn rhyfeddol o ddidrafferth. Roedd y stafell yn barod amdanai – cawod boeth, gwely cyfforddus a desg i sgwennu wrthi, efo llun o Big Ben wedi'i fframio uwch ei phen hi. Nesh i ddim ond troi ar fy sawdl a mynd i chwilio am y dref. Crwydro rhywfaint, a'i chael hi'n ddinas fach neis iawn, llyn braf, palas crand (arall) a llwyth o farchnadoedd difyr mewn strydoedd bychan lliwgar. Treulio awr neu ddwy yn y caffis sydd ar ben to pob siop, ista'n gwatsiad y byd yn mynd heibio, a 'styried sut i dreulio'r dyddiau nesa 'ma. Meddwl mynd am dro mewn cwch ar y llyn fory, ac ella mentro allan rhywfaint i'r pentrefi o gwmpas.

Meddwl wedyn ei bod hi'n hen bryd cysylltu efo'r byd mawr tu allan, a phan orffennodd merched bach y rheolwr chwarae efo'r cyfrifiadur ges i gyfle i yrru e-bost.

Gyrru at Sion i ofyn iddo fo drio canslo y cardiau banc oedd wedi'u dwyn. Mae'n siŵr y ceith o drafferth. Neges gan Angharad yn sôn fod dau Sais wedi eu penodi'n benaethiaid ar Heddlu Gogledd Cymru – mae rhai pethau'n ddigyfnewid! Wedyn fe gafodd hi strôc o athrylith – beth am i mi sgwennu e-bost at Mam, ei yrru o at Angharad fel ei bod hithau'n ei argraffu o ac yn ei yrru o drwy'r post! Gwych. Modd dweud llawer iawn mwy na fasa rhywun ar gerdyn post, heb sôn am fod yn gynt ac yn fwy effeithiol. Ac, wrth gwrs, mi ges i bwt o Parry-Williams i gloi,

Peth od i mi gychwyn ar hyn o daith
Dros y miloedd ar filoedd milltiroedd maith
Am i rywbeth o'm mewn heb lais na chri
Weiddi Grand Canyon – dos yno di!

Meddwl am Parry Bach, ac atgoffa fy hun 'mod i ar fy ngwyliau. Dwi'n mynd i ista yn fa'ma am y rhan gora o wythnos ac ymlacio.

Mynd yn ôl i fy stafell i ddadbacio a gwneud fy hun yn gartrefol. Erbyn gweld, tydi'r gawod ddim yn boeth. Dydi hynny ddim yn drychineb fawr, ond be sy'n fy nghynddeiriogi i ydi ei bod hi'n boeth pan es i iddi gynta, a does dim gwahaniaeth be dwi'n neud, pa gyfuniad o dapiau dwi'n droi, ddaw'r gwres ddim yn ôl. Rywsut, mae bod mewn cyrraedd dŵr cynnes, a methu cael ato fo'n waeth na diodda cawod oer. Mae o'r math o artaith fyddai'r Siaineaid yn falch o fod wedi'i greu.

Rhoi fy nillad budur i'r gwesty er mwyn i'r *dhobi wallah* fynd â nhw i'w golchi. Mae rheini'n mynd â'ch dillad chi a'u gwasgaru nhw i bedwar ban y ddinas – coch, glas, gwyn a melyn, pawb yn golchi un lliw, rhag i'r lliwiau gymysgu, am wn i. Wedyn, cyn pen pedair awr ar hugain, maen nhw'n casglu'ch dillad chi o blith y miloedd ar filoedd o ddilladach eraill, ac yn eu dychwelyd nhw'n berffaith lân, wedi eu smwddio, fel y medrech chi dorri menyn efo'r plyg yn eich jîns, ac yn rhyfeddach na dim, heb gymysgu na cholli yr un hosan na phâr o drôns. Dyna'r egwyddor yn ôl Y Llyfr, gawn ni weld os daw bob dim yn ôl nos fory yn lân ac yn ddel.

Ffeirio Minette Walters am lyfr Henri Charriere, *Papillon*, ei hanes ei hun a'i ymdrechion llwyddiannus i ddianc oddi ar Ynys y Diafol, un o wersylloedd carchar gwladwriaeth Ffrainc yn ystod y tridegau a'r pedwardegau. Fi gafodd y pen gora i'r fargen, dwi'n meddwl.

Gig y boi moel sy'n methu canu
25 Tachwedd

Mae hi'n gythreulig o oer yn Udaipur, yn enwedig am hanner awr wedi saith yn y bore, a chithau'n eistedd mewn crys-T a throwsus byr ar risiau gwesty, a neb ar wyneb daear yn cymryd diddordeb ynddoch chi. Ro'n i wedi codi cyn deffro, ac wedi ymlwybro draw i'r lle roedd trip i fod i adael i fynd allan i'r wlad am dro. Doedd neb yn cymryd sylw ohono i, ac mi roedd yr haul wedi codi cyn deffro hefyd, ac yn gwrthod cynhesu neb na dim nes ei fod o wedi cael paned. Y rheswm nad oedd neb yn cymryd sylw oedd bod y bws yn llawn a bod dim angen rhagor o deithwyr.

'Dewch yn ôl prynhawn 'ma,' meddai'r gyrrwr wrth gychwyn!

Roedd hi'n dal yn fore, doedd perchnogion y siopau ddim wedi codi llawer o stêm hyd yn oed.

'Y tei sidan gore'n y byd, syr.'

'Ia, iawn.'

'Y cerrig cochion gore'n y byd, syr.'

'Wir?'

Doeddwn i ddim yn prynu, a doedd fawr o ots ganddyn hwytha chwaith. Roeddan nhw fel ymlusgiaid gwaed oer yn cuddio yn eu cregyn o siopau, ac yn cynhesu a bywiogi wrth i'r diwrnod wneud yr un fath.

'Y siwmperi *kashmir* gore'n y byd, syr.'

'Deuda di!'

'Dewch i mewn i weld, syr. Does dim rhaid prynu. Chi'n westai yn fy siop i, syr. Cymerwch ddishgled o de, syr. Does dim rhaid prynu, dim ond edrych. Syr? Syr!'

'Y bocsus *papier mache* gore'n y byd, syr.'

'Helo, syr? Dewch i weld y crefftwr wrth 'i waith. Does dim rhaid prynu, syr. Dewch i mewn i weld hen, hen grefft. Syr? Syr!'

Erbyn hyn roedd hi'n bryd cogio 'mod i'n Sais a gwisgo sbectol dywyll a golwg haerllug – mae o'n gweithio bob tro.

Roedd y strydoedd dan eu sang yn gynnar yn y bore, nid o bobol, ond o addurniadau. Heddiw mae'r etholiadau ar gyfer y cyngor tref; ac am yr un diwrnod yma mae'r posteri'n cael eu codi a'u crogi o linynau fel diwrnod carnifal. Llaw bolisteiring fawr wen yn crogi fodfeddi uwch fy mhen i – symbol ryw blaid neu'i gilydd; poster melyn, poster gwyn a gwyrdd ac oren, pob un yn bwrw cysgod aflonydd ar y ffordd islaw. Roedd 'na luniau anferth o'r ymgeiswyr, wedi eu peintio â llaw ar bob cornel, a chynrychiolwyr byw yn ysgwyd llaw â phleidleisiau tra bod eu llygaid yn chwilio'n ddiamynedd am y bleidlais nesa; a sylwebwyr talcen-slip yn sibrwd yn y cysgodion, pob un yn cyfri wyau clwc.

Roedd y canolfannau pleidleisio allan yn yr awyr agored lle bynnag roedd tair neu bedair stryd yn cyfarfod i wneud ryw fath o sgwâr. Symud yn hamddenol rhwng y siopwyr a'r gwleidyddion – y naill a'r llall yn cynnig eu neges yn arbennig i mi, ac i unrhyw un oedd am wrando.

Aros mewn un siop lle nad oedd neb yn gweiddi a mwydro. Gwthio trwy goedwig o bypedau amryliw oedd yn crogi o gwmpas fy mhen i, at ystafell fechan dywyll lle roedd 'na hogyn ifanc wrth ei waith. Pan sylwodd o arna i fe deimlodd reidrwydd i ddweud rhywbeth, ac fe holodd o os oedd gen i awydd gweld rhagor. Arweiniodd fi'n dawel a diymhongar o bwped i bwped, nes cyrraedd cornel oedd yn llawn darluniau. Fe oedodd o yma, gan edrych ar y lluniau fel pe bai o'n eu gweld nhw am y tro cynta. Ei waith o oedd y darluniau bychan cywrain o bobol ac o anifeiliaid ac o olygfeydd Indiaidd traddodiadol – roedd hi'n amlwg ei fod o'n falch iawn ohonyn nhw. Nesh i holi am y darn yma a'r darn arall, ambell un yn lun newydd wedi ei dynnu ar hen bapur, techneg effeithiol tu hwnt, rhai eraill yn baent arian ar ddefnydd du. Roedd 'na un yn dangos rhes o anifeiliaid – eliffant, ceffyl a chamel; ac, yn ôl y dyn, roedd yr eliffant yn arwydd o ddoethineb, y ceffyl yn arwydd o nerth a'r camel yn arwydd o gariad. Nesh i ddim holi pam. Nesh i holi be oedd y prisiau, a phan atebodd o mewn ffordd mor dawel, fyddwn i ddim wedi medru taeru efo fo hyd yn oed pe bawn i isio. Gadael, gan addo dychwelyd. Ro'n i'n ymwybodol 'mod i'n swnio fel cymaint o gelwyddgi nes 'mod i'n cochi yng ngwyll ei siop fach o. Ond ro'n i'n benderfynol o ddychwelyd a phrynu rhywbeth.

Crwydro, gan droi i'r dde ac i'r chwith, i fyny'r allt ac i lawr yr allt, nes 'mod i ar goll yn llwyr, weithiau ynghanol siopau, dro arall ynghanol stryd o dai, yn ôl i ganol gwestai a heibio i siopau crefftau. Yn y diwedd, es i ar fy mhen i lawr ryw allt serth a chyrraedd sgwâr bychan ar lan y llyn. Roedd 'na griw o blant yn chwarae criced, ac wrth ddilyn y bêl i un gornel, mi sylwais i ar fan fawr wen â draig goch wedi ei pheintio ar ei hochor hi, a 'Chymru am Byth' wedi ei sgwennu arni. Tynnu llun, a thynnu sylw'r perchennog ar yr un pryd. Dyn o Gaerdydd oedd o, oedd wedi teithio ar draws Ewrop a thrwy Irac i'r India, ac ar ei ffordd i'r de. Cael sgwrs felys heb orfod ailadrodd nac egluro lle'r oedd adra, heb sôn am lle roedd Cymru. Ond ymhen dim roedd rhywun yn sylweddoli nad oedd y ffaith fod ein llybrau ni wedi cychwyn yn yr un lle yn golygu eu bod nhw'n arwain i'r un man. Ar ôl ryw ddeng munud o fân siarad doedd dim ar ôl i'w wneud ond dymuno'n dda i'n gilydd a ffarwelio, a theimlo'n fwy cysurus rhywsut fod 'na rywbeth cyfarwydd ar strydoedd Udaipur.

Mentro i fyny i gyfeiriad y Palas, a theimlo'n ymwybodol bod rhywun yn trio tynnu fy sylw i.

'Psst. Psst.'

Be oedd yna?

'Psst! Psst! *English boy!! You want drugs!*'

Nesh i wneud yn berffaith siŵr bod y cymeriad yn y cysgodion yn deall nad oeddwn i ddim yn Sais, cyn ei adael o'n edrych braidd yn syfrdan.

Mynd yn ôl i'r gwesty a dal y bws o'n i wedi bwriadu ei ddal y bore 'ma. Do'n i ddim wedi ystyried bod Indiaid yn mynd ar wyliau, rywsut. Trip swyddogol ar gyfer twristiaid oedd hwn, a fi oedd yr unig wyneb gwyn ar y bws. Wrth reswm, roedd gweddill y teithwyr yn dod o bob cwr o'r India.

Mentro allan i'r wlad oedd y nod, a chael gweld rhywbeth heblaw am strydoedd prysur. Dringo allan o'r ddinas er mwyn cyrraedd Haldigati. Fe ddaeth hi'n amlwg i mi wrth i ni ddringo mai'r un ydi rheolau'r ffordd fach a'r ffordd fawr – canu corn a chodi cwmwl o lwch a rhegfeydd o'ch cwmpas. Rhuthro trwy lonyddwch cefn gwlad, heibio i wartheg oedd yn barod am yr etholiadau, ac yn dangos eu lliwiau'n amlwg ar eu cyrn. Hon â chyrn glas bygythiol, y llall â chyrn fu unwaith yn goch, wedi troi braidd yn binc yn yr haul, rhai eraill yn felyn a gwyrdd, yn goch, oren a glas – oedd, roedd rhain yn fuchod gwleidyddol iawn.

Tyfai pob math o gnydau yn y caeau o boptu'r ffordd, cnydau eiddil y gaeaf yn cael eu tendio'n ofalus gan ferched dyfal, ac yn cael eu cysgodi gan wrychoedd o goed rhosod sydd â'u bryd ar fod yn gactws. Mae'r planhigyn un ai'n gactws tenau neu'n goeden rosod dew heb ddail – mae'n anodd dweud p'run.

Roedd llawer iawn o'r bobol oedd ar y trip efo fi yn deuluoedd – gŵr a gwraig ifanc efo plentyn bach wedi'i lapio'n dynn mewn balaclafa a sgarff, on'd oedd hi'n oer? Hen ŵr a hen wraig oedd wedi gweld y cwbwl o'r blaen. Criw o ferched ifanc wedyn, chwiorydd neu gyfneitherod, dan arweiniad gwraig ganol oed, fodrybol yr olwg. Mae gen i ofn 'mod i wedi tramgwyddo'r hen wraig. Roedd hi'n eistedd gyferbyn â mi, a thrwy gydol y daith roedd hi'n cyfathrebu efo'r nythiad o ferched oedd yn eistedd dros ei hysgwydd yn rhywle, ac ar yr un pryd yn bwyta pethau digon tebyg i gyraints coch go nobl. Yn anffodus roedd 'na gerrig ynddyn nhw, ac roedd angen eu poeri nhw allan o dro i dro, ond rhwng ysgwyd y bws a'i brwdfrydedd hi wrth siarad efo'r merched, byddai un garreg o bob tair yn diflannu i'r dyffryn eang oedd rhwng ei bronnau, ac fe fyddai hithau'n treulio peth amser wedyn yn chwilota'i sari am y cerrig coll. Allwn i ddim peidio chwerthin, ac fe sylwodd hithau. Ond gan nad oedd ei hannel hi'n gwella, roedd fy chwerthin i'n gwaethygu, a'i hembaras hi'n cynyddu; a'r berthynas rhwng y ddau ohonon ni o boptu'r llwybr yn dirywio. Er mor braf oedd gweld y bws yn aros a'r teithwyr yn cael awyr iach, allwn i ddim peidio â theimlo bod yr hen wraig yn fy anwybyddu i'n gydwybodol.

Mae'n debyg bod gan bawb a phobman hawl i hyn a hyn o funudau o enwogrwydd. Felly oedd hi'n achos y lle hwn. Fe seriwyd enw Haldigati ar gof y genedl mewn chydig oriau ar yr 21ain o Fehefin 1576, cyn llithro'n ôl i ddinodedd, gan adael dim ond staen y gwaed ar ôl ar ddalennau hanes. Fe fu brwydr fawr yma rhwng y Maharana Pratap a lluoedd nerthol y Mughal. Roedd y frwydr yn un ffyrnig, ac fe gollwyd cannoedd o fywydau. Yn ôl y chwedl, olion y gwaed sydd i gyfri am y pridd coch sy'n nodweddu'r ardal hyd heddiw. Does neb byth yn ennill unrhyw frwydr, mae'n debyg, ond hawliodd neb fuddugoliaeth yma'r diwrnod hwnnw – roedd yr erchylltra'n gyfartal. Un yn unig a gododd uwchlaw'r celanedd, a Chetak oedd hwnnw, ceffyl dewr Maharana Pratap. Er iddo gael ei glwyfo gan eliffant â chleddyf yn ei drwnc, fe garlamodd am bedair milltir i achub bywyd ei feistr, cyn gorffwys a marw. Does fawr ddim yno bellach, ond amgueddfa yn arddangos darluniau o erchyllterau mud oes o'r blaen, a siop gwerthu sent rhosod.

Trip wedi ei drefnu gan fwrdd twristiaeth y llywodraeth oedd hwn; ac roedd eu polisi o gyflogi cymaint â phosibl yn dod i'r amlwg eto – gyrrwr, tywysydd, ac un arall i agor y drws a gosod stepen bren ar lawr i hwyluso'r dringo a'r disgyn i'r teithwyr hŷn. Adra, fe fyddai'r gyrrwr yn tywys dan yrru, a'r teithwyr yn agor y drws iddyn nhw eu hunain, a dau draean yn llai yn cael eu cyflogi. Un slei yr olwg, mewn siwper *fairisle* o Marks oedd y tywysydd, un oedd yn edrych arna i drwy'r amser efo crechwen oedd yn awgrymu ei fod o newydd glymu fy nghreia i at ei gilydd ac yn disgwyl i mi faglu. Nesh i ddim cymryd ato fo mae'n rhaid cyfadda.

Gan mai fi oedd yr unig orllewinwr ar y bws, ro'n i wedi penderfynu, os byddai'r tywysydd yn mynnu siarad Saesneg er fy mwyn i, y byddwn i'n mynnu ei fod o'n siarad Hindi yn gynta, ac yn egluro i mi wedyn. Dysgais wers. Dydi cenhedloedd eraill ddim yn meddwl am eu *English friends* o flaen eu pobol eu hunain, a doedd dim dwywaith mai yn Hindi oedd yr hanes yn cael ei adrodd gyntaf, efo crynodeb diamynedd i mi ar y diwedd. Ar ôl chwarter awr o eglurhad mewn Hindi fe fydda fo'n troi ata i ac yn dweud:

'Ddechreuodd y frwydr yn fa'ma, symud i fa'ma, anafwyd y ceffyl yn fa'ma, carlamu i fa'ma, a marw.'

Fe daerwn i ei fod o wedi gorffen trwy fwmial ryw eiriau rhwng ei ddannedd oedd yn swnio'n debyg iawn i 'ac yn y blaen ac yn y blaen'. Dyna ydi bod ar y pen arall i ddwyieithrwydd, mae'n debyg − profiad chydig bach yn annifyr, oedd yn gwneud i mi ddifaru na ches i ddim cyfle i ddringo i'r tir moesol uwch reit ar y dechrau!

'O ba wlad wyt ti?' Ryw hen ŵr oedd yn holi.

'Cymru.'

'A! Tywysog Cymru.'

'Ia. Dyna mae o'n galw ei hun, ond mi fuo'n tywysog ola ni farw yn 1282... ydi hi'n amser i ni fynd... ?'

'Does neb yn mynd hebdda fi, fi'n sy'n gyrru'r bws!'

Fel digwyddodd hi, roedd y gyrrwr yn gymeriad difyr iawn. Roedd o dan yr argraff ei bod hi'n rhwydd iawn cael swydd, a symud o'r naill swydd i'r llall yn y gorllewin, ac yn teimlo ei fod o'n rhwym i yrru bws am weddill ei fywyd. Trio egluro bod addysg a chyfoeth a braint yn rheoli

cyfleoedd yn y gorllewin yr un fath yn union – yr un yw
baich gwerin byd, ac yn y blaen – ond doedd dim yn tycio.
Ond tybed nad oeddwn i'n rhyfygu, yn gwneud
cymhariaethau fel hyn? Be wyddwn i am dlodi yng
Nghymru, heb sôn am yr India? Ar ôl sgwrs hir a
hamddenol, fe aethon ni i gyfeiriad y bws ac ymlaen i
Nathdwara.

Teml 'di teml! Gadael fy sgidia ar ôl, a cherdded trwy'r
pethau y mae rhywun fel arfer yn trio cadw gwadan esgid
rhyngddo fo a nhw. Diolch am y rhes faith o ferched oedd
yn gwerthu torchau blodau oedd yn boddi'r ogla traed.
Roedd cerdded heibio i'r rhain fel llusgo brigyn ar hyd
reilings yr ysgol ers talwm; pob un yn gweiddi wrth i mi
gerdded heibio ac yn tewi unwaith o'n i wedi gwneud, nes
creu ton o sŵn oedd yn fy nilyn i ar hyd y llwybr i'r deml.
Ymuno â chynffon ciw, a chael ar ddeall bod rhaid disgwyl
tan hanner awr wedi pedwar, pan fyddai'r drws arian yn agor.

Ond nid ciw cyffredin mo hwn. Roedd 'na gyffro yn y
ciw, oedd yn debyg i'r math o gyffro sy 'na mewn ciw o
ffermwyr ifanc meddw sy'n trio mynd i mewn am ddim i
wrando ar y Moniars. Roedd pawb yn neidio'n fân ac yn
fuan ar flaenau'u traed, fel pe baen nhw'n bostio am bishad,
ac yn pwyso ar sgwyddau'r sawl oedd o'u blaen wrth
ddisgwyl i'r drws agor. Wedyn, roedd pawb yn rhuthro i
mewn. Trwy ryw lwc fe ganiatawyd i fy nwy fraich fynd i'r
un cyfeiriad, neu fe allwn i fod wedi cael fy narnio'n
hawdd.

Cael fy hun mewn stafell tua maint bar ucha'r Cŵps – stafell hir a chul efo llwyfan yn un pen – a'r lle'n neidio gyda phererinion. Ac i be? Wel roedd pawb ar dân isio gweld dau neu dri o offeiriaid moel mewn dillad di-chwaeth yn crochlefain yn aflafar, ac yn chwipio'r dorf efo'r pethau tebyca'n y byd i gadachau sychu llestri. Dim ond ymddwyn fel stiwardiaid oedd rhain, ac roeddan nhw un ai'n trio cadw'r dorf yn oer neu'n eu hannog i symud ymlaen, i bawb arall gael gweld. Y tu ôl i hyn oll roedd 'na ddau offeiriad arall wrthi'n tendio ar y duw ei hun. Doedd galw seren y noson yn ddauwynebog ddim yn gwneud teilyngdod ag o – roedd ganddo fo bedwar wyneb, pob un yn wynebu cyfeiriad gwahanol, ac yn cael tendans gan ei offeiriad ei hun, oedd yn sychu ei wyneb ac yn sgleinio'i ben moel nes bod 'na wên ar y marmor du.

Mae Vishna'n bwyta ac yn yfed, yn cysgu, deffro a molchi, fel pob duw, mae'n debyg – ond fod hwn yn lecio cael cynulleidfa. Newydd ddeffro oedd o, roedd o wedi cael cinio, ac wedi cael siesta bach ar ôl ei bryd. Er mwyn iddo fo gael llonydd, roedd yr offeiriaid yn cau'r drysau ac yn eu hagor nhw drachefn am hanner awr wedi pedwar, pan fydda fo'n deffro. Dyna oedd achos y cynnwrf – pawb yn galw heibio i wneud yn siŵr ei fod o'n hapus ar ôl ei gyntun a gwneud cyfraniad hael at ei gadw. Sdim rhyfedd bod y pedwar wyneb yn gwenu. Roedd y dorf yn neidio a dawnsio i ryw hen, hen rythm, ac yn llafarganu ar eu heilun. 'Pwy wnaeth y sêr uwchben, y sêr uwchben, y sêr uwchben? 'Pwy wnaeth y sêr uwchben? Vi-ish-na ddu!' Coedwig o freichiau meddw, a finna yn y canol yn synnu ac yn rhyfeddu at y ffasiwn ffŷs. Sefyll yno am sbel yn synfyfyrio, cyn sylweddoli bod 'na bobol oedd yn torri eu boliau isio cymryd fy lle i. Cymryd fy hyshio gan yr offeiriaid allan trwy ddrws arall, a chrwydro'n syn i gyfeiriad fy sgidiau ac wedyn draw at y bws. Rhyfedd ac ofnadwy.

Ar y ffordd yn ôl at y bws roedd 'na ddyn ar ochr y ffordd yn sefyll ar ben cadair ac yn darllen papur newydd mewn modd dramatig iawn. Wn i ddim os oedd o'n sâl neu os oedd hi'n sioe un dyn – y naill ffordd neu'r llall doedd o'n cael fawr o sylw.

Roedd y gyrrwr bws yn disgwyl amdana i y tro hwn, ac yn awyddus iawn i drafod teulu brenhinol Lloegr. Fe ddaeth hi'n amlwg yn sydyn iawn ein bod ni'n dau wedi rhannu'r un cwricwlwm yn yr ysgol, ond ein bod ni'n dod at y pwnc o gyfeiriadau pur wahanol i'n gilydd. Yn y diwedd fe fu'n rhaid i mi dynnu llun map o Brydain, a nodi'r gwahanol wledydd arno fo, egluro bod gan bob un ei llywodraeth ei hun a bod yna un llywodraeth dros bawb, tra'n pwysleisio mai enw yn unig oedd Tywysog Cymru, ac nad oedd a wnelo fo ddim oll â democratiaeth. Mae'n amlwg nad oedd o ddim yn fy nghoelio i, ac nad oedd un sgwrs rhwng y paneidiau a'r pryfaid ar stondin de yn mynd i wneud llawer o wahaniaeth i'r Gwirionedd a ddysgwyd iddo fo flynyddoedd ynghynt. Ond roedd hi'n braf gwybod, er 'mod i wedi bod yn dweud yr un stori wrth bobol dramor ers blynyddoedd, nad ydw i erbyn hyn yn dweud llawer o gelwydd.

Eistedd ar y bws drachefn, a chynnig gwên o gymod i'r hen fodryb. Ro'n i'n amau fod ganddi hithau wên i mi yn rhywle, ond fod honno ar goll ym mhlygiadau'r sari hefyd – fe fyddai hi'n siŵr o ddod i'r fei cyn diwedd y daith.

Aros mewn un teml arall yn Eklingi. Roedd hon yn hynod o ddof o'i chymharu â Nathdwara – roedd hi mor dawel a digynnwrf ag oedd yn gweddu i deml sy'n fil saith gant o flynyddoedd oed. Y pentref hwn oedd prifddinas y dalaith ganrifoedd yn ôl, ac mae'r teulu brenhinol a channoedd o bobol eraill yn tyrru yma byth ers hynny i addoli'r ddelw o Shiva, yn enwedig ar ddydd Llun.

Eistedd a gwenu eto – dwi'n siŵr ei bod hi'n toddi. Dim ond y daith yn ôl i Udaipur oedd ar ôl bellach, ac fe ddechreuodd y genod ifanc ganu, a chan mai'r hen wraig gyferbyn oedd yn arwain, ro'n i'n cymryd yn ganiataol mai caneuon gwerin oedd yr arlwy. Mwynhau'r daith, a thrio fy ngorau i diwnio fy nghlust i'r patrymau diarth. Wedyn, wrth i ni gyrraedd y ddinas dyma'r cywair yn newid. Fe gymerodd hi eiliad neu ddwy i mi aildiwnio ac i mi sylweddoli fod y genod wedi dechrau canu 'Barbie Girl'! O'r diwedd ges i wên allan o'r hen wraig – ar draws y cenedlaethau a'r cyfandiroedd roedd fy siomedigaeth o glywed 'Barbie Girl' wedi cael ei adlewyrchu yn wyneb yr hen wraig. Roeddan ni'n fêts.

Cyrri saim a dafad dena
26 Tachwedd

Mae'n anodd dychmygu pam fod Udaipur yn cael ei galw'n
Fenis yr India wrth gropian trwy'r traffig boreol a'r tarth
cemegol heibio i ffatrïoedd, siopau, modurdai a
swyddfeydd. Ond, wrth ddringo'n ara deg i ben un o'r
bryniau sy'n ymffurfio'n gylch o gwmpas y ddinas, roedd
modd gwerthfawrogi'r rheswm. Unwaith roedd rhywun y
tu mewn i furiau'r ddinas roedd o mewn byd hud a lledrith
o dywysogion a phlasau, rhamant ac arwriaeth, ac yn

bwysicach na dim llynnoedd a gerddi sy'n ymffurfio'n werddon mewn anialwch. Torf o adeiladau'n closio ac yn rhannu sibrydion am gyfrinachau brenhinol, o boptu'r strydoedd cul. Y Palas, fel coron ar ben y bryn ynghanol y prysurdeb, a thu hwnt iddo fo, yn disgleirio'n yr haul trwy'r dydd, ac yn mwynhau'r olygfa dros Lyn Pichola, llyn llonydd ac arno ddau balas gwych. Uwchlaw'r cyfan, ar ben y bryn uchaf oll, mae trydydd palas, Palas y Monsŵn, fel pe bai o wedi ei gynllunio gan un o gyndeidiau Walt Disney, yn bell ac yn rhamantus, a'i adlewyrchiad mor berffaith nes bod ei ben o'n y cymylau ac ar waelod y llyn ar yr un pryd.

Roedd modd gwerthfawrogi hyn i gyd o ben y Moti Magri, Bryn y Perlau, wrth sefyll yng nghysgod cofeb i'r arwr mawr Maharana Pratap, mab Udai Singh yr Ail, sylfaenydd Udaipur ac arwr Brwydr Haldigati. Mae hwn, wedi ei osod mewn gerddi glas yn llawn llynnoedd a ffynhonnau, yn gofeb tipyn mwy teilwng iddo fo na'r un welais i ddoe.

Yr amgueddfa werin oedd y gyrchfan nesa ar y daith, trysorfa o bypedau ac offerynnau cerdd, gwaith celf o bob math, potiau pridd a sidan mirain; masgiau, tyrbanau, sari, tlysau ac arfau – pob mathau o bethau. Tybed oeddwn i'n breuddwydio, neu a oeddwn i'n gweld yn y ffotograffau o gynaeafau'r gorffennol, yr un olwg herfeiddiol ac a geir yn ein ffotograffau ni o gyrch y picweirch? Y sgubau a'r styciau ŷd yn sefyll yn stond er mwyn cadw i'r oesoedd a ddêl y glendid y gwyddant ym mêr eu hesgyrn oedd ddim yn mynd i bara fawr hwy? Fodd bynnag, doedd dim llawer o raen ar yr arddangosfa; roedd popeth dan haenen o lwch, a'r ffotograffau i gyd wedi colli'u lliw. Bron nad oedd yr amgueddfa yn amgueddfa.

Ymweld â theatr bypedau oedd yn rhan o'r arddangosfa, ac eistedd yno'n bymtheg digon sidêt i aros am y sioe. Wrth iddi dywyllu fe gyrhaeddodd 'na ddegau os nad cannoedd o blant ysgol – llond chwe bws meddai rhywun, ac yn sicr mwy na llond y theatr. Wrth i'r llen godi fe welem bwped benywaidd yn dawnsio'n awgrymog o flaen pedwar tywysog parchus yr olwg. Roedd y plant wrth eu bodd, a phan ddaeth dau bwped ymlaen i ddawnsio fe gynyddodd y cynnwrf yn arw. Doedd y ddawns yma ddim yn awgrymog o gwbwl, roedd hi'n berffaith amlwg mai nod y dyn oedd caru efo'r ddynes – ei broblem fawr o oedd fod y pwped benywaidd yn tipyn o fihifyr mihafar. Bob tro roedd o'n troi ei gefn, doedd o ddim yn gwybod os mai ar gefn dyn neu ddynes fydda fo'r tro nesa oedd o'n trio'i lwc. Roedd yr hen blant wrth eu boddau, a'r awyr yn drwm o chwerthin aflafar ac o hormonau afreolus. Wn i ddim be oedd yn cynnig yr adloniant gorau, y plant 'ta'r pypedau, ond es i o'no wedi chwerthin mwy nag o'n i wedi ei wneud ers wythnosau.

Anelu'n ôl i gyfeiriad canol y ddinas er mwyn ymweld â'r Palas. Parcio ar gyrion muriau'r ddinas a cherdded yng nghwmni Singmara, myfyrwraig ymarfer dysgu o Boston oedd a'i gwreiddiau yn Asam – dynes nobl a phenderfynol iawn. Ro'n i a dau neu dri arall yn brasgamu trwy'r tyrfaoedd yn trio'i dilyn hi i'r amgueddfa, pan sylwais i ar brotest. Aros. Roedd criw go fawr yn cario baneri a phlacardiau, yn gwisgo du ac yn gweiddi slogannau mewn lleisiau tywyll. Doedd rhain ddim wedi ennill yr etholiad ddoe, mae'n amlwg. Ond doedd dim amser i syllu, roedd Miss yn aros chydig lathenni i fyny'r allt, ac yn sbio'n flin arnai – rhywsut roedd rhaid ufuddhau, ac i ffwrdd â fi heb unrhyw eglurhad be oedd yn mynd ymlaen. Wrth droi i fynd, pwy welwn i'n sefyll yn nrws ei siop, ond y dyn tawel, diymhongar o'n i wedi'i gyfarfod ddoe. Roedd o'n disgwyl i mi alw, ro'n i wedi addo y byddwn i'n gwneud... ond fod y criw yn disgwyl amdanai... ond fod 'na balas arall yn disgwyl amdanai.

Mae Palas dinas Udaipur yn fawr ac yn eang, ac yn fwy amrywiol na'r helyw – ond palas ydi palas. Defnyddir rhannau gan y teulu brenhinol o hyd, mae rhannau wedi'u troi'n westai, rhannau eraill yn siopau, a rhannau eraill yn amgueddfeydd. Dilyn arweiniad di-ffrwt ein tywysydd o'r naill stafell ysblennydd i'r llall. I fyny'r grisiau cul a throellog – oedd wedi eu cynllunio yn y fath fodd fel nad oedd mwy nag un gelyn yn medru cerdded ochr yn ochr os byddai ymosodiad ar y Palas, a chyrraedd y llawr ucha. Yno mae 'na ardd gysgodol braf yn llawn coed sandalwood. Mae'r Palas wedi'i gynllunio o gwmpas y bryn, yn union fel coron, nes bod copa'r bryn yn torri fel pen moel trwy wallt ar drydydd llawr yr adeilad, a dyna sut mae coed yn medru tyfu yno.

Erbyn amser cinio ro'n i ar fy nghythlwng, ac wedi cael llond bol o'r amgueddfa ar yr un pryd. Dechra hel fy nhraed a chynnal cynffon y criw bach. Sylwi o hirbell bod sawl cwpwl yn dal dwylo, peth anghyffredin iawn. Tybed oedd rhai o'r rhain newydd briodi? Os felly, mae'n bosib nad oeddan nhw ddim yn adnabod ei gilydd dridiau'n ôl. Sut oeddan nhw'n teimlo, tybed? Be oedd yn mynd trwy'u meddyliau nhw? Oeddan nhw'n siomedig efo'u gŵr neu'u gwraig newydd? Oeddan nhw'n teimlo rhyddhad fod eu partner yn ddel, neu eu bod nhw wedi digwydd cael rhywun yr oeddan nhw'n mwynhau eu cwmni nhw? Neu oeddan nhw'n gwaredu ar ôl deuddydd fod yn rhaid iddyn nhw dreulio gweddill eu bywydau efo'i gilydd? Y naill ffordd neu'r llall, dwi'n amau'n gryf os oeddan nhw'n gwrando ar ffeithiau ystrydebol y tywysydd. Roedd un cwpwl yn dal a hyderus, a chyfoethog yr olwg – roedd ei dillad a'i sbectol hi'n brolio'u label yn arw. Oedd y castiau uwch yn trefnu eu priodasau? Oeddan yn fwy na neb, mae'n debyg; os nad i warchod traddodiad, yna i warchod cyfoeth. Mi allai rhain fod o'r gorllewin – ond wn i ddim chwaith. Dau arall yn hapus iawn yr olwg, ac yn methu'n lân a gollwng ei gilydd. Y trydydd cwpwl oedd fwya anghymharus – roedd o dros ei ddeugain, ac wedi dechrau rhoi'r hena oren yn ei wallt, a hithau'n ifanc a gosgeiddig, mewn sari chwaethus, ond yn cario bag dros ei hysgwydd oedd wedi ei wneud o ffwr ffug, ac oedd â wyneb tedi-bêr arno fo. Oes 'na air Cymraeg am *naff*?

Wrth lusgo ar ôl y lleill, nesh i ddechrau gwrando ar dywysydd mwy ysbrydoledig, oedd yn egluro arwyddocâd llun oedd yn crogi ar y wal. Dangosai'r llun ferch ifanc yn crio dros gorff bachgen bychan. Yn ôl yr hanes, roedd y forwyn yma'n gwarchod y tywysog ifanc oedd newydd golli ei dad ac etifeddu ei goron. Roedd ei ewyrth â'i fryd ar fod yn frenin, ac yn ei flys i gipio'r goron, fe gynllwyniodd i ladd y bachgen bach. Fodd bynnag, fe glywodd y forwyn am hyn, ac fe roddodd ei mab ei hun i gysgu yng ngwely'r tywysog, gan achub yr olyniaeth frenhinol, ond gan aberthu ei mab ei hun er ei mwyn. Rai misoedd yn ddiweddarach, a hithau'n methu dygymod â'i gweithred, fe laddodd ei hun mewn stafell fechan yn y Palas – stafell sydd bellach wedi ei chysegru er cof amdani hi a'i haberth.

Gadael y criw, a chrwydro fel dafad golledig cyn i'r bugail siwmperog gael cyfle i weld fy ngholli i. Bachu tamaid o ginio cyn mynd i chwilio am shêf. Mae'n debyg nad ydi barbar barfog yn hysbyseb da iawn i'w grefft o'i hun. Os nad oedd o'n mentro blêd at ei wddw ei hun, pam ddylwn i ymddiried ynddo fo i osod blêd wrth fy ngwddw i? Hawdd 'di meddwl fel hyn wrth gerdded allan o'r siop, ond o dipyn i beth mae'r pethau 'ma'n gwawrio ar ddyn, a hynny ar ôl iddo fo gael ei glymu i'r sêt gan dywel pygddu. Nesh i sylwi ar y tyfiant brith oedd yn drwch ar ei ên o wrth ddisgwyl yn amyneddgar tra roedd o'n tynnu'n ara deg ar ei sigarét. Bron nad o'n i'n medru cyfri'r blewiach tybaco'n llosgi fesul un wrth i'r tân gydio. Ro'n i'n amau'n gryf mai'r llwch oedd wedi disgyn ar ei ên o, nes iddo fo orffen tynnu, rhoi ei sigarét i un o'i gwsmeriaid eraill, a rhwbio'i ên fel pe bai o'n ystyried ei dasg am y tro cyntaf. Dyna'r unig dro iddo fo fod yn dawel, hynny a'r troeon yr oedd o'n tynnu ar ei sigarét. Roedd mainc yn rhedeg ar draws cefn y siop a'i llond hi o ddynion. Wyddwn i ddim os oeddan nhw'n disgwyl eu tro ai peidio, ond fe ges i flaenoriaeth, er gwell, er gwaeth – neu er difyrrwch iddyn nhw. Mi siaradodd o'n ddi-stop wrth iddo fo ddilyn y drefn arferol o seboni, eillio a mwytho, gan aros yma ac acw a cherdded yn fân ac yn

fuan i gefn y siop un ai i ddwyn drag o sigarét rhywun arall,
neu i ailgydio'n ei sigarét ei hun, oedd yn cael ei gwarchod
gan un o'r 'cwsmeriaid'. A minnau heb fy sbectol, doedd
dim modd gweld be oedd yn digwydd i mi, dim ond ryw
synhwyro nad oedd pethau'n mynd yn arbennig o dda. Cyn
iddo fo ddechrau ar y mwytho, fe estynnodd o am bwtan o
bensel wen a'i defnyddio hi i rwbio fy ngên, fel pe bai o'n
defnyddio rhwbiwr neu *liquid paper* i ddileu camgymeriad ar
ddarn o bapur. Ond fy *nghroen* i oedd hwn! Beth bynnag
oedd wedi digwydd cyn hynny, pan wisgais i fy sbectol,
doedd dim llawer o'i ôl i'w weld ar fy wyneb i – dim
llawer. Ro'n i'n falch o gael gadael, mae'n rhaid cyfaddef!

Treulio'r prynhawn mewn rhes o gaffis pen to, yn sugno'n
ddiog ar y naill botel Pepsi ar ôl y llall, ac yn dilyn
anturiaethau erchyll Papillon. Mynnu aros wrth fynd heibio
i siop y dyn tawel, a phrynu pwped yn anrheg i mi fy hun.
Doedd y dyn ddim yno. Rywsut ro'n i isio iddo fo wybod
'mod i wedi cadw at fy ngair ac wedi bod yn ôl i brynu.
Ond dyna fo, er nad oedd o'n gwybod, ro'n i'n dawel fy
meddwl 'mod i wedi dychwelyd.

Teimlo, erbyn i'r haul ddechrau hel ei draed, 'mod i'n
barod i gael cyrri go-iawn. Chwilio am gyfeiriad at le bwyta
gwerth chweil yn Y Llyfr, a phenderfynu afradu fy rupees
ar bryd gwerth ei gael. Cael hyd i'r lle oedd yn cael ei
awgrymu, a chael fy hun mewn moethusrwydd cymharol,
allan yn yr awyr iach ar ben y to, a dewis o bethau oedd yn
lled gyfarwydd i mi – cyrri *masala*, *rogan josh* a *korma*. Gan

mai *rogan josh* ydi fy hoff fwyd Indiaidd i adra yng Nghymru, penderfynu cael un o'r rheini, er mwyn medru cymharu'n deg. A difaru. Be gesh i oedd y platiaid mwya didrimins o saim ac asgwrn welais i erioed. Cyrri dafad heb y cyrri. Ro'n i dan yr argraff mai holl hanfod cyrri oedd cuddio blas cig affwysol o wael – roedd hwn yn blatiad o gig sâl a saim heb arlliw o saws na sbeis i ddifyrru'r pryd. Troi am adra'n disgwyl marw o wenwyn bwyd cyn cyrraedd. Dyna oedd siom. Doedd y bwyd ddim wedi bod yn arbennig beth bynnag, ond a finna wedi archebu a thalu am 'gyrri go-iawn' ro'n i'n disgwyl profiad i'w gofio. Does dim cymhariaeth rhwng cyrri Cymru a chyrri India, a'r têc-awê ar y stryd fawr ydi'r gorau bob tro!

Eistedd ar do'r gwesty a pharhau i ddilyn Papillon o garchar i garchar. Ar y stryd islaw roedd 'na lond lorri fechan o fechgyn ifanc yn mynd yn ôl a blaen yn canu corn a gweiddi a chwifio baneri i ddathlu buddugoliaeth eu plaid yn yr etholiadau. Ddaeth hynny ag atgofion melys yn ôl i mi, ac es i i 'ngwely'n fodlon iawn fy myd.

Afternoon tea efo James Bond
27 Tachwedd

Cael e-bost peth cynta bore 'ma gan Manon, yn holi os oeddwn i isio tocyn i ginio Dolig ffreutur y Llyfrgell Genedlaethol! Doedd dim modd meddwl am unrhywbeth oedd yn bellach o fy meddwl i na'r blydi cinio Dolig! Meddwl am y tro cyntaf am fynd adra, yn ôl i realiti llwyd bywyd bob dydd. Gyrru neges yn gofyn iddyn nhw gadw tocyn i mi – fedar o fod ddim gwaeth na chyrri neithiwr!

Treulio'r bore cyfan yn darllen yn yr haul, a'r pnawn yn cerdded o amgylch y dref. Dod ar draws y siop lyfrau ryfedda'n y byd. Gweld anferth o ddyn mawr tal a thew efo sbectol oedd yn gweld bob dim, ac yn gweld dim byd chwaith, yn sefyll yn nrws ryw siop fechan fach. Roedd yr arwydd tu allan yn honni ei fod o'n gwerthu llyfrau. Mae'n rhaid ei fod o wedi sylwi 'mod i yno wrth i mi fynd yn nes ac yn nes at gysgod ei drwyn o, achos fe ddeffrodd o a gwenu'n braf arnai.

'Llyfrau?' medda fi'n rhyw led-anobeithio cyn cychwyn.

'Wrth gwrs, wrth gwrs,' meddai ynta, gan fy arwain i i mewn i'w ogof.

Roedd hi'n ddu bitsh yno, a'r unig beth ges i gan y dyn oedd stwmp o gannwyll, bocs o fatsis a gwên. Ges i ar ddeall ei fod o am i mi fynd efo fo i gefn y siop. I fod yn onest, doedd 'na ddim lle i ddau yn y cefn, felly fe ddangosodd o'r ffordd i mi rhwng y tomenni llyfrau, at risiau – wel, ysgol weddol nobl – oedd yn dringo i'r llawr nesa, croglofft oedd fawr mwy na llwyfan sigledig oedd yn estyn dros hanner y siop.

Yn fan'no roedd 'na silffoedd llyfrau, pob math o lyfrau, o *Mills and Boon* i hanes Rwsia, *thrillers* a chlasuron, rhyddiaith a barddoniaeth mewn pob mathau o ieithoedd. Roedd pob cyfrol yn sbecian yn swil o'r cysgodion wrth i'r gannwyll fentro heibio iddi. Ar y silff ucha, reit o gwmpas y stafell roedd 'na dri deg a saith o duniau Quality Street mawr. Mentro tynnu un i lawr a chael ei fod o'n wag. Ond dyna fo, mae'n debyg y gallen nhw fod yn ddefnyddiol rhywbryd! Mentro wysg fy nhin i lawr y grisiau efo fy newis o lyfr yn un llaw a'r gannwyll yn y llall, ac yn dal fy ngafael gorau gallwn i efo'r un dros ben. Wrth sylwi yr eildro, roedd cefn y siop yn llawn clociau – clociau taid bychan –

a thomen o drugareddau eraill. Allwn i fod wedi aros yno trwy'r dydd, ond fod y gannwyll yn bygwth boddi ei hun. Wrth i mi dalu, fe fynnodd y dyn y dylwn i ddod yn ôl pan fyddai 'na drydan. Dwi ddim yn siŵr os dwi isio bod yno pan ma 'na drydan, fyddai'r siop ddim hanner mor ddiddorol. *Adventures of an Invisible Man*, H F Saint nesh i brynu – Duw a ŵyr pam – effaith y siop, debyg.

Ymlaen wedyn, a chael 'English Afternoon Tea' yn y Palas wrth y llyn. Mi nath y boi bach tu ôl i'r ddesg yn y lle sbio arna i fel pe bawn i'n faw pan nesh i gyrraedd a holi gawn i fynd i mewn.

'Cei, am 50 rupee,' meddai.

'Ond dwi'n bwriadu cymryd te,' medda finna.

Adawodd o fi i mewn ar ôl meddwl am y peth am sbel!

Mae'r Oriel Risial yn lle rhyfeddol. Un stafell ag uchder dau lawr iddi, efo tair shandalir fawr yn crogi o'r to, a phedair llai o'i chwmpas, un ymhob cornel – mae'r pedair yma yn fwy na'r un dwi wedi'i gweld o'r blaen. Rhyngddyn nhw mae 'na ddau garped yn hongian o'r to, fyddai'n ddigon mawr i orchuddio llawr isa fy nhŷ i i gyd. Mae 'na bymtheg bwrdd cinio efo lle i chwech arnyn nhw wedi eu gosod ar lawr, a lle i fwrdd arall rhwng pob un, tasa raid. Yn y gofod ma 'na ddau ar bymtheg o byrth lletach na drws cyffredin ar hyd y ddwy ochr, a saith ar draws bob pen. Mae'r addurniadau a'r lluniau ar y wal yn drysorau. Yma ac acw ar y waliau mae 'na ddrych anferth – wrth weld fy hun yn un o rheini, dwi'n gweld dim bai ar y boi bach am sbio'n gam arna i, trowsus byr, crys-T di-siâp, sach di-lun ar fy nghefn, a'r cyfan yn chwys diferol – ddim cweit yn gwsmer delfrydol fyddwn i'n dychmygu!

Cael fy *afternoon tea* wrth fwrdd bach isel efo llian les

arno fo, wrth ymyl ffenest sy'n edrych allan dros y llyn a'r Lake Palace Hotel – un o'r gwestai crandia yn y byd, meddan nhw. Yn fan'no gafodd *Octopussy*, James Bond, ei ffilmio. Cael y sgons mwya sidêt i ddechra, efo te mewn tebot arian oedd mor drwm fuo rhaid i mi ddefnyddio dwy law i'w godi o. Roedd y boi oedd yn edrych ar fy ôl i mewn lifrau llawn – siwt wen, tyrban oren, a mwstásh. Ymhen dipyn mi ddaeth o a'r brechdanau. Ro'n i 'di disgwyl brechdanau ciwcymbr heb grystyn, mae'n rhaid i mi gyfadda – ond be ddaeth ond pedair brechdan wedi'u tostio, efo ryw fath o bâst cyw iâr arnyn nhw, a dyrnaid o *chips* ar yr ochr. Dwi'n siŵr y byddai'r *blue rinses* sy'n cael *afternoon tea* go-iawn yn Chipping Sodbury yn cael ffit las tasa nhw'n cael y fath betha!

Mentro allan ar y llyn i fwynhau'r machlud. Cyrraedd o fewn tafliad carreg i'r Lake Palace Hotel, ond mi fyddai angen ffortiwn i lanio'n y fath le. Roedd hi'n braf bod ar y dŵr ar ôl gweld gymaint o dir, a hwnnw'n dir sych.

Ro'n i'n ôl ar ben to'r gwesty erbyn iddi dywyllu go-iawn, ac er bod y nos yn dechrau oeri, ro'n i'n teimlo fel tasa 'na far o dân trydan ymlaen tu mewn i mi, a 'mod i'n cnesu ac yn goleuo'n goch o dan fy nghrys rygbi. Beryg 'mod i wedi llosgi'n ofnadwy wrth ddarllen yn yr haul am yr holl oriau 'na bore 'ma.

Wrth i mi fwyta tamaid o swper, mi ddaeth un o'r bechgyn sy'n gweithio'n y gwesty i gynnau'r goleuadau Nadolig oedd yn amlinellu ffurf y gwesty yn erbyn awyr y nos. Doeddwn i ddim wedi sylwi ar y ddefod yma o'r blaen, ddim wedi ei gweld hi nac wedi ei chlywed hi – achos roedd yr addurniadau'n canu 'Jingle Bells' a 'Dymunwn Nadolig Llawen' bob yn ail; ac mae'n amlwg fod yr hogyn ifanc wedi rhyfeddu at gyraeddiadau'r dechnoleg newydd ac am glywed y caneuon drosodd a throsodd. Ymhen dim, fe ymunodd y perchennog efo ni, ac fe beidiodd y canu. Daearegwr ydi'r perchennog wrth ei waith bob dydd, medda fo, ond fod y rheolwr mae o'n ei gyflogi ar ei wyliau, yn ymweld â'i wraig yn un o'r pentrefi cyfagos. Mae'n debyg ei fod o'n mynd ar drip i Mumbai cyn bo hir efo'i waith, a'i fod o'n edrych ymlaen at ddod â milltiroedd o oleuadau Nadolig yn ôl efo fo i'w gosod ar y to. Gobeithio na fydd pob un ddim yn canu 'Dymunwn Nadolig Llawen'!

Mynd i gysgu, dan gyfri ceirw yn rhuthro trwy'r tywod.

Sâl fel ci
28 Tachwedd

Roedd rhywun wedi rhoi mwgwd dros fy mhen i. Na, ro'n i wedi fy nghlymu i'r gwely efo selotêp dros fy llygaid. Ond, wedyn, pan roddodd rywun gic i mi yn fy stumog fe neidiodd fy llygaid i led y pen ar agor, ac fe ruthrais i o'r gwely ac i'r tŷ bach. Unwaith o'n i'n eistedd yno roedd fy llygaid i'n barod i gau eto a gadael i nghorff i weithio'n awtomatig. Wn i ddim pa mor hir fues i yno, ond ymhen hir a hwyr nesh i lwyddo i lusgo fy hun yn ôl i'r gwely i freuddwydio am biso trwy 'nhin.

Llwyddo i oroesi tri arteithiad tebyg gan y petha 'ma oedd wedi herwgipio fy nghorff i, cyn deffro'n iawn a sylweddoli 'mod i i fod ar y bws i Jodhpur. Codi i ddweud wrth foi'r gwesty y byddwn i'n aros noson arall, ac nad oeddwn i'n ddigon da i fynd i unlle heddiw. Gweld hwnnw yn mochel dan blanced drom nath i mi sylweddoli ei bod hi'n oer yn yr India yr adeg yma o'r flwyddyn wedi'r cwbwl, a 'mod i wedi bod yn dychmygu'r tywydd braf 'na ers dyddiau.

Llusgo'n ôl i 'ngwely yn crynu fel deilen. Allwn i fod wedi lladd am botel ddŵr poeth. Pam bod pobol yn galw peth fel hyn yn wres? Dwi'n oer. Llyncu llond dwrn o dabledi corcio i frecwast, a thrio gwasgu rhywfaint o gysur o'r blancedi garw oedd ar y gwely, cyn cysgu eto.

Deffro a thrio difyrru fy hun efo llyfr. Roedd arteithiau Papillon druan yn fyw iawn i mi wrth iddo fo ddioddef yn ei gelloedd cyfyng tanddaearol, oedd yn chwilboeth yn y dydd ac yn oer yn y nos, ac yn llenwi efo carthion bob tro oedd y llanw'n codi. Ond, o fewn dim roedd pob sill yn filltir o hyd... pob llythyren yn codi o'r ddalen ac yn ymwthio dan fy amrannau i fel gronynnau o dywod... pob brawddeg yn nofio nes bod rhaid darllen pob llythyren a sill drosodd a throsodd a throsodd... nes bod y paragraffau'n ymffurfio'n seirff du diog oedd am fy hudo i'n ôl i gysgu...

Cysgu a deffro drachefn a thrachefn. Codi, gan feddwl y byddai chydig o awyr iach yn gwneud lles. Dringo gam wrth gam i'r bwyty ar y to. Eistedd yno mewn trowsus hir a chrys rygbi yng ngwres canol dydd, yn teimlo fel taswn i'n cael fy nallu gan haul oer pegwn y gogledd. Rhynnu, a rhuthro'n ôl yn ara deg i glydwch moel fy ngwely, yn gwybod fod 'na artaith o 'mlaen i – ond roedd rhaid i mi gael cysgu'n gynta.

Syllu ar fy wats a gadael i honno fy swyno'n ôl i gysgu.
Syllu ar fy wats.

Roedd rhaid i mi godi. Allwn i gysgu chydig cyn
gwneud hyn. Awr bach arall. 'Na i fentro allan ar ôl yr awr
ginio.

Dwyn cwsg melys oddi arnaf fi fy hun. Roedd rhaid i mi
godi. Roedd rhaid i mi godi arian o'r banc. Erbyn hyn
doedd gen i ddim digon i dalu am y noson ychwanegol
yma'n y gwesty hyd yn oed, heb sôn am ddocyn bws arall.
Doedd dim amdani ond dal cadair-injan a mynd i'r banc.

Dau o'r gloch. Fyddan nhw wedi agor ar ôl cinio.
Cerdded at y lôn fawr o'r gwesty. Pam nad oedd 'na 'run
cadair-injan wedi gofyn i mi os oeddwn i isio pas? Lle
oeddan nhw i gyd pan oedd rhywun eu hangen nhw?
Llusgo draw i'r gornel, a llwyddo i gael rhywun i fy nghario
i i'r dre – roedd enw'r banc penodol oedd yn mynd i achub
fy mywyd i gen i yn y boced wrth fy nghalon. Rhuthro
mynd fyddai'r cadeiriau 'ma fel arfer – sut oedd hon mor ara
deg? Ond, os oedd hi mor ara deg, sut oeddwn i'n cael fy
nhaflu mor ddidrugaredd gan fryniau a phantiau'r ffordd?
Cyrraedd y stryd. Chwilio am y banc. Gweld yr arwydd.
Pam nad oedd 'na ddim drws o dan yr arwydd? Pam na
fedar banciau India gael drysau fel pob banc arall? Gadael i'r
gadair-injan aros.

Meddwl am ddim byd ond y banc. Siop ddillad. Siop
deledu. Siop wyliau. Siop ddillad. Siop smwddio dillad.
Siop trwsio sgidia. Siop ffrwythau. Siop feiciau. Siop ddiod
oer. Ro'n i isio diod oer. Ro'n i angen banc. Swyddfa, a
giatiau consertina yn we dros ei drws. Siop ddillad. Banc!
Ro'n i wedi cyrraedd. Ac yn fan'na, yn disgleirio ar yr

arwydd fel seren y gogledd, roedd logo Master Card. Cerdded i mewn. Cael fy rhwystro gan ryw hen ddyn.

'Banc!'

Ysgwyd ei ben a gwneud stumiau.

'Banc?'

Ysgwyd ei ben a gwneud stumiau.

'Banc?!?'

Ysgwyd ei ben a gwneud stumiau, a gafael yn fy mhenelin i a f'arwain i at y drws consertina oedd bron wedi cau.

Gwthio fy hun a'r gragen o sach oedd gen i ar fy nghefn drwy'r giat ac i mewn i'r banc. Ro'n i i mewn. At y cownter.

'Ydach chi'n medru rhoi pres i mi ar gefn cerdyn Master Card?'

'Odyn… '

Haleliwia! Daeth hyfryd ddydd…

'… ond ni wedi cau.'

'Wedi cau? Dim ond hanner awr wedi dau ydi hi?!'

'O ddeg tan ddau mae banciau ar agor yn yr India, syr.'

Allwn i fod wedi crio. Mae'n bosib 'mod i wedi crio. Sefyll yno'n syfrdan. Doedd gen i ddim digon i dalu am fy ngwesty, ro'n i wedi bod yno am sawl noson. Roedd rhaid i mi adael efo bws ben bore fory – cyn i'r banc agor. Roedd rhaid i mi gael pres. Wn i ddim os oeddwn i'n dweud hyn wrthaf fi fy hun neu wrth ddyn y banc, achos mae'n rhaid ei fod o wedi deall 'mod i'n sâl isio pres. Nesh i synhwyro'i fod o'n gwegian ac esh i amdani.

'Plis… allwch chi ddim gwneud unrhywbeth i fy helpu i? Chydig gannoedd o rupees? Plis? Mae'n rhaid i mi gael pres!'

Nath o wenu'n wan a chytuno, fel ro'n i'n teimlo cysgod trwm y swyddog diogelwch yn disgyn ar f'ysgwydd i. Nid porthor rhadlon diniwed fel rhai'r Llyfrgell Genedlaethol, ond cythraul caled yr olwg efo mwstásh blin dan ei drwyn, *twelve bore* dwbwl baril dros ei ysgwydd, a sgrepan o getris go-iawn am ei ganol. Dal llygaid y clerc a diolch iddo'n ddistaw bach wrth iddo fo godi pres i mi.

Cael yr arian yn fy llaw, a throi ar fy sawdl am allan, a chael fy sach yn sownd yn y giat. Tynnu a thynnu a dychmygu'r giard a'i wn yn dod yn nes ac yn nes. Disgyn yn rhydd, a baglu i gyfeiriad y gadair-injan heb edrych yn ôl. Lle oedd honno? Gobeithio'i fod o wedi disgwyl. Troi'n ôl ar draws y ffordd fawr. Oedd, roedd o'n dal yno. Pendwmpian ar y ffordd yn ôl, yn fodlon fod gen i ddigon o bres i aros yn fy ngwely am wythnos pe bawn i isio.

Cael fy ngollwng wrth y drws. Yn ôl yn fy ngwely erbyn toc wedi tri. Mynd i gysgu'n teimlo fel taswn i wedi cael fy nghuro'n ddu-las. Cysgu a chysgu a chysgu. Deffro am saith. Ro'n i wedi cysgu ers pedair awr ar hugain, heblaw am frawddeg neu ddwy o fy llyfr, a thaith faith i'r banc.

Codi. Roedd y dilyw a'r gwres wedi cilio peth. Archebu bwyd. Roedd hynny'n ddigon o gamp am y tro. Gadael y bwyd heb ei gyffwrdd, a gofyn i'r perchennog archebu tocyn arall i mi fynd ar y bws i Jodhpur cyn talu fy holl ddyledion iddo fo. Pacio cyn mynd yn ôl i 'ngwely, rhag ofn y byddai brys yn y bore, a chysgu a chysgu a chysgu.

Pam nad yw bywyd fel hysbyseb?
29 Tachwedd

Ei gollwng hi nesh i, nid ei tharo hi. Agor cil y drws iddi yn hytrach na'i daflu o led y pen ar agor, a'i gwthio hi allan hynny fedrwn i. Ond, o dipyn i beth, fe gynyddodd fy hyder, ac mi fedrais i daro rhech, iach, sych. Diolch byth. Jodhpur amdani! Does fawr o ganmol yn Y Llyfr i'r dref, ond mi fydd yn torri'r daith rhwng fa'ma a Jaisalmer ar gyrion yr anialwch.

Dal bws, ac mi gychwynnodd hwnnw'n fuan a chyrraedd yn brydlon er gwaetha'r daith. Roedd y ffordd rhwng Udaipur a Pali yn uffernol – yn droellog a chul, fel pe bai'r Traws Cambria yn dal i wasgu trwy'r Felinheli, i dagu trwy Ddolgellau ac i lusgo trwy Gaerfyrddin, tra bod y gyrrwr yn gwyro allan trwy'r ffenest yn gweiddi 'Caerdydd, Caerdydd, Caerdydd!' mewn llais-hel-gwartheg-i'r-beudy, tra'n canu ei gorn yn gyfeiliant iddo fo'i hun.

Taswn i wedi gwneud y daith yma ddoe mi allai hi fod wedi fy lladd i'n hawdd iawn. Un peth a achubodd fi rhag yr artaith honno heddiw oedd Carol. Roedd y ferch yma yn eistedd ar ymyl y llwybr gyferbyn â mi, ac yn ôl y gofrestr teithwyr, Carol oedd ei henw hi. Roedd hi chydig yn hŷn na fi, yn dod o Ganada ac roedd ganddi wallt golau a llygaid glas. Doedd y gofrestr ddim yn cynnwys y manylion corfforol – ro'n i'n eistedd yn ddigon agos i allu gweld hynny drosof fi fy hun. Roeddan ni wedi rhannu ambell air, ambell wên ac ambell ebwch o gyd-ddealltwriaeth yr oedd teithwyr profiadol fel ni'n eu rhannu yn wyneb gyrru gwyllt a swnllyd yr Indiaid.

Cyn pen dim ro'n i'n dychmygu sgwennu'r llythyr adra yn estyn fy ngwyliau fis neu ddau, ac wedi treulio'r Nadolig efo'r Garol yma yn Goa, neu Wlad Tai neu Maleisia. Ro'n i hefyd yn mwynhau atgof am un o hysbysebion Wrigley's Spearmint Gum, ble roedd hogyn ifanc golygus mewn crys-T gwyn a blonden ifanc olygus mewn jîns tyn yn eistedd o boptu'r llwybr ar fws fel hwn oedd yn gwibio trwy'r anialwch. Mae'r ddau yn marw o syched ac yn gwlychu eu gwefusau'n awgrymog efo'u tafodau, pan mae o'n estyn ei Spearmint Gum olaf, ei rwygo'n ei hanner ac yn ei rannu o efo hi. Mae hi'n codi ei phen ac yn gwenu arno... ac mae o'n teimlo'r glaw yn dod i mewn trwy'r ffenest ac yn ei daro ar ei wegil... Doedd hynny ddim yn rhan o'r hysbyseb! Deffro o fy llesmair, a sylweddoli, er mawr arswyd i mi fy hun, bod y boi tu ôl i mi wedi chwydu allan o'r ffenest, a bod y gwynt wedi chwythu sbrencs o'i chŵd o hyd fy nghrys-T gwyn i. Doeddwn i ddim yn gwybod be i wneud na lle i edrych. Trio sychu be fedrwn i'n sydyn efo hen hances heb dynnu rhagor o sylw ataf fi fy hun. Claddu fy mhen yn fy mhapur, a gweddïo y byddai Carol yn gadael y bws cyn Jodhpur.

Mi wellodd y ffordd o Pali ymlaen, setlodd stumog y boi tu ôl i mi, ac fe setlodd Carol i siarad efo'r Indiad ifanc oedd yn rhannu sêt efo hi.

Arhosodd y bws yn Jodhpur, ac wrth i mi godi 'mhen yn ara deg o'r papur ro'n i'n gwybod fod Carol yn dal yno. Mi adewais i iddi hi godi gynta, a rhoi digon o amser iddi nôl ei bag o'r cefn a gadael, cyn codi a mentro allan fy hun. Wynebu ymosodiad o yrwyr cadair-injan, a brwydro trwyddyn nhw at gefn y bws i nôl fy mag. Wrth i'r bws adael, pwy oedd ar ôl ar ymyl y ffordd yn sefyll ar ei phen ei hun, ond Carol. Roeddan ni'n ôl ar drywydd yr hysbyseb – doedd dim ar ôl i mi ei wneud ond estyn yr hanner papur *chewing gum* o fy mhoced a cherdded draw, fe fyddai hithau'n estyn ei hanner hithau ac fe fyddai'r ddau'n asio'n berffaith. Wel, dim cweit, achos roedd 'na gatrawd o yrwyr ffyrnig o frwd yn ei hamgylchynu hi. Leciwn i ddychmygu 'mod i wedi brasgamu draw, gafael ynddi a rhoi gorchymyn cadarn i yrrwr y gadair gyflymaf i fynd â ni i'r gwesty gorau yn y ddinas, ond nid felly oedd hi. Roedd Carol yn fwy nag abl a phrofiadol i ddelio â'r dynion hyn ar ei phen ei hun, a fi gafodd y gwahoddiad i ymuno efo hi yn ei chadair-injan, ac i fynd efo hi i'r gwesty yr oedd hi wedi ei ddewis. Doeddwn i ddim am gwyno. Gorchmynnodd y gyrrwr i fynd â ni i'r Heveli Guest House.

Rhannu gair bach y tu allan i'r gwesty. Roedd hi am fynd i mewn i weld y stafelloedd cyn dewis un iddi hi ei hun… Pwy oedd o fewn llathen i'n sgwrs ni ond gyrrwr y gadair-injan.

'Esgusoda ni. Ein sgwrs ni ydi hon,' meddai hi, gan syllu i fyw ei lygaid o.

Dim un symudiad.

'Ein sgwrs ni ydi hon. Symud draw,' yn dal i syllu.

Symudodd ryw ddau gam anfodlon i ffwrdd.

'Symud reit draw. Ein sgwrs ni ydi hon.' A'i hedrychiad mor ddisyfl â tasa'i bys hi yn ei lygad o, fe symudodd a hel ei draed o gwmpas tu blaen y gadair.

… Roedd hi am fynd i mewn i weld y stafelloedd cyn dewis un iddi hi ei hun… mi allwn i aros yma i warchod y bagiau a mynd i mewn wedyn, neu fe allwn i fynd gynta ac fe arhosai hi. Doedd gen i ddim amheuaeth na fyddai hi'n cymryd dim byd ond y stafelloedd gorau am y pris gorau, ac fe adewais iddi fynd i weld, gan aros ar ôl i rannu ambell i edrychiad digon euog efo'r gyrrwr druan.

Wrth gwrs, roedd y lle'n ardderchog – yn rhad, yn lân a dim mwy na thafliad carreg o ganol y ddinas. Roedd Carol wedi dewis dwy stafell braf i ni o boptu rhyw fymryn o sgwâr bach lle'r oedd bwrdd a chadeiriau wedi'u gosod.

Erbyn i ni fynd drwy'r broses o lenwi'r ffurflenni diddiwedd, dadbacio a molchi, roedd ein llwybrau ni'n dau wedi gwahanu. Ro'n i'n gweld o'r clo dwbwl oedd ar ddrws Carol – clo'r gwesty a'i chlo'i hun, ei bod hi wedi mynd allan. Doedd dim disgwyl iddi aros amdana i, wrth gwrs.

Adroddiadau digon cymysg o'n i wedi'u cael gan bobol eraill am Jodhpur, felly es i i fusnesu. Mentro allan i'r ddinas, a dod o hyd i lê e-bost, a chael digon o amser i sgwennu at Angharad i ddweud 'mod i wedi bod yn sâl. Cael hyd a lled y stryd fawr, a ffeindio fy ffordd yn ôl i gyffiniau'r gwesty unwaith neu ddwy cyn penderfynu bod hwn yn lle y gallwn i fwynhau fy hun ynddo fo.

Wrth grwydro'r stryd fawr y gwnes i sylwi ar y ffordd orau dwi wedi ei weld eto o hel pres. Yn lle cardota, roedd y bachgen yma wedi buddsoddi mewn clorian, ac yn cynnig pwyso pobol am bris. Roedd ganddo fo giw o bobol oedd yn fodlon disgwyl i gymryd eu pwyso'n gyhoeddus. Ryw fath o Weight Watchers answyddogol! Tybed oedd o'n codi fesul owns? Yn yr un cwlwm o strydoedd nesh i stopio'n stond a sylweddoli bod y lle'n drewi o bysgod. Roeddan ni ar ymyl yr anialwch, gannoedd o filltiroedd o unrhyw fôr na llyn sylweddol, ac eto roedd 'na stryd gyfan o siopau yn gwerthu pysgod. Nesh i ddim trethu gormod ar fy 'mennydd na fy Hindi i drio gweithio allan sut na pham!

Wrth gyrraedd at y gwesty, be welwn i ond torf fechan wedi ymgasglu y tu allan i un o'r tai glas oedd yn ymyl. Roedd 'na ddyn ifanc wedi'i wisgo'n drwsiadus ac yn eistedd ar gefn ceffyl oedd yn sefyll y tu allan i'r drws ffrynt. Roedd ei deulu o wrthi'n brysur yn ei fygu o efo torchau o flodau marigold a carnation a'i fendithio fo efo papurau can rupee. Erbyn deall, roedd y creadur ar ei ffordd i'w briodas. Y cam cyntaf oedd cael ei fendithio gan ei deulu ei hun, a marchogaeth y ceffyl i gyfarfod ei ddarpar-wraig wedi ei wisgo yn y torchau blodau a'r dorch o arian papur – y mwya'n byd oedd gwerth y dorch arian, gorau'n byd oedd y briodas yn mynd i fod. Doedd y creadur ddim yn edrych yn hapus o gwbwl, un ai roedd o'n dioddef o'r paill, roedd o ofn ceffylau, neu doedd o ddim isio priodi. Wrth i'r dynion gychwyn arwain y ceffyl drwy'r ddinas nesh i holi brawd y priodfab ble roeddan nhw'n mynd. Yn ôl y brawd, roedd y briodferch yn byw tua dau gan milltir i ffwrdd, a doedd y dyn ddim ond yn marchogaeth y ceffyl i'r dref er mwyn dal y bws. Roedd rhaid glynu wrth draddodiad!

Cyrraedd y bwyty ar do'r gwesty mewn pryd i fwynhau'r machlud ac i ddarllen mymryn o hanes y dyn anweledig. Dim ond wrth godi i ofyn am Pepsi arall y gwnes i sylwi ar y gaer anferth oedd dros fy ysgwydd i. Wrth gerdded ar hyd y strydoedd cul ac ymysg y tai tal ro'n i'n rhy agos i'r gaer i'w gweld hi, ond allan yn fa'ma, ar ben y to roedd hi'n olygfa werth chweil. Roedd hi'n codi'n urddasol o blith y tai, heb fod yn rhan o'r ddinas nac ar wahân iddi chwaith.

Fe ymunodd Carol efo fi am chydig i rannu Pepsi – doeddwn i'n dal ddim awydd bwyd, a doeddwn i ddim am ei hatgoffa hi o unrhyw beth oedd yn ymwneud â salwch! Cael ar ddeall ei bod hi'n dod o Ganada, yn byw yn Hong Kong ac yn teithio ers blynyddoedd. Mae hi'n cynnal ei hun trwy gael *work breaks,* yn dysgu mewn ysgol gynradd yn Hong Kong. Os oes bywyd gwahanol i fy un i i'w gael rywle yn y byd, dyma fo. Teithio, nid bob yn ail â gweithio fel mae llawer yn ei wneud, ond gweithio am ryw bythefnos bob chwe mis am hoe yn fwy na dim. Hyfryd ac ofnadwy.

Ddiflannodd hi ymhen sbel ac fe es innau i fy stafell i gael cawod a golchi 'nillad. Dwi dal angen cysgu!

Mwynhau'r ddinas las
30 Tachwedd

Mae 'na ddwsin o fisgedi mewn paced o Bourbons. Dyna'r
cyfan dwi wedi'i fwyta ers tua tri diwrnod, ac er i mi fwyta'r
dair ola am un o'r gloch y bore 'ma mewn pangfeydd o
newyn, fedrwn i ddim wynebu fy mrecwast pan ddaeth o.
Rhannu bwrdd brecwast efo Dennis o Ddenmarc, mi
roddodd gyfeiriad lle da i mi aros yn Bikaner ar y ffordd yn
ôl, ac er gwaetha'r enw, roedd Dennis yn dipyn o

gymeriad.

Roedd shêf bore 'ma yr un mor wefreiddiol ag arfer, ond iddi gael ei rhwystro deirgwaith. Mewn stryd gul iawn ynghanol y farchnad oedd y boi yma'n trin y gyllell. Cysgodid pawb rhag yr haul gan hen sachau oedd yn crogi rhwng y naill ochr o'r stryd a'r llall. Y broblem gyntaf oedd bod ryw hen gi wedi penderfynu y byddai'r sach yn gwneud lle delfrydol i gysgu, ac wedi gosod ei hun yno'n belen, nes ei fod fel hanner cant o flawd yn pendilio uwch ein pennau ni ac yn bygwth tynnu holl sachau'r stryd i'w ben ac am ein pennau ninnau. Felly fe beidiodd pawb yn y stryd â gweithio, a sefyll i wylio criw o fechgyn ifanc yn pwnio'r hen gi efo ffyn nes ei fod o'n symud i rywle arall i dorheulo.

Mi ddigwyddodd hyn rhwng y sebon a'r shêf. Wedyn, rhwng y shêf gynta a'r ail, neu i fod yn fanwl gywir, ar ôl gorffen popeth ond hanner fy mwstásh, roedd rhaid aros am baned o de. Fentrwn i ddim gadael heb ddalu efo hanner mwstásh dan fy nhrwyn, mae'n debyg. Wedyn, ac yntau wrthi o'i hochor hi yn tylino 'mhen i, fe beidiodd yn sydyn. Erbyn i mi wisgo fy sbectol, roedd 'na dri tarw'n syllu arna i'n wirion – dau fawr ac un mwy. Yn ôl be ddeallais i o'r eglurhad, roedd y tri ar ganol cael ffeit, ac roedd rhaid bod yn ofalus iawn ohonyn nhw. Ond doedd hi fawr o ffeit os oedd ganddyn nhw ddigon o amser i aros i 'ngwylio i'n cael shêf – felly ro'n i'n meddwl, beth bynnag. Felly ymhen hir a hwyr ges i godi a gadael, yn teimlo fel taswn i wedi cael dwyawr ychwanegol yn fy ngwely.

Codi a cherdded i ganol helynt arall. Doedd neb yn y stryd yn medru symud oherwydd tagfa. Roedd beic yn cario mynydd o ddilladach lliwgar wedi dod wyneb yn wyneb efo ychen mawr gwyn oedd yn tynnu trol yn llawn o ferched ifanc. Roedd 'na gadair-injan wedi trio mynd heibio ar y chwith, gan feddwl ei fod o'n deneuach nag oedd o, ac wedi mynd ynghlwm â beic bach cyffredin, oedd, i fod yn deg, yn ddigon tenau i fynd heibio. Ychwanegwch tua dau gant o gerddwyr diamynedd at hyn, a chasgliad cynyddol o gerbydau o bob math, a phe bai chi yng Nghymru fe fyddai genno chi ddwy hartan, ffeit ac ambiwlans yn ychwanegu at y pentwr. Yma, doedd 'na neb yn gweiddi, neb yn gwylltio, a phawb yn datgymalu eu hunain yn ara deg o'r cwlwm dynoliaeth ac yn parhau â'u taith.

'Pa mor hir fyddwch chi ar y cyfrifiadur?'

'Dwn i'm? Pam?'

'Wel, mae croeso i chi'i ddefnyddio fo, ond dan ni braidd yn brin o ddisel.'

'Dwi'n gweld. Tua hanner awr, ella. Ydi hynny'n iawn?'

'Ydi, ma'r disel yn siŵr o bara gymaint â hynny.'

Roedd hynny'n gysur – o fath. Derbyn negeseuon difyr a lliwgar, a rhai oedd yn codi hiraeth. Y darn diweddaraf o Parry-Williams oedd,

Ysigol yw gwyrthiau'r ddaear ar ddyn
Pan fo hwnnw ar daith gydag ef ei hun.

Cerdded yn ôl i'r gwesty trwy'r farchnad – lle oedd yn llawn lliw a phryfaid. Tunelli o bowdwr coch, coch oedd yn edrych fel y gallai o ffrwydro unrhyw funud, a phowdwr melyn, melyn oedd yn ddigon i beintio cynaeafau pob plentyndod. Tomenni o hadau mân, mân oedd bron yn bowdwr, bob yn ail â moroedd o hadau bras yn rhuthro ar lanw gwyllt o nithlan i nithlan, ac yn rhedeg ras efo'r pryfaid. Rhaeadr o flodfresych droed yn nhroed â mynydd o datws rhwng bryniau o nionod a garlleg, orenau a banans. Roedd pawb yn gwerthu un peth a neb yn tyfu popeth. Pryfaid oedd yr unig beth oedd yn gyffredin ymhobman, ym mhopeth ac ar bopeth; pryfaid, a'r merched oedd wrthi'n brysur yn eu hunfan yn tafoli popeth â'u llygaid craff.

Mentro'n ôl i'r gwesty am ginio, a chael cwmni ryw Sais o'r enw James. Roedd o'n newydd i'r busnes teithio 'ma – dim ond ers wythnos oedd o ar y lôn – ond roedd o eisoes wedi symud o Mwmbai i Delhi ac i Jodhpur, ac yn bwriadu mynd o Jodhpur i Goa, ac wedyn i Catmandŵ cyn Dolig. Ar ôl wythnos roedd o eisoes wedi teithio o ganolbarth yr India i'r gogledd ac i'r gorllewin, ac yn bwriadu mynd yn ôl i'r de cyn dychwelyd i'r gogledd. Waw! Doedd o ddim yn aros yma yn yr Heveli, ond gan mai fa'ma oedd Y Llyfr yn ei awgrymu, roedd o wedi penderfynu treulio'i amser yma. Erbyn iddo fo orffen ei bwdin, roedd o wedi penderfynu mynd naill ai i Goa *neu* Catmandŵ – does wybod lle bydd o erbyn amser swper!

Ymlwybro'n ara deg rhwng y tai, heb syniad ble'r oeddwn i'n mynd, ond 'mod i'n wynebu i fyny'r allt. Ar ben y bryn

roedd caer, ac er nad oeddwn i'n gweld y gaer o unlle, ro'n
i'n gwybod ei bod hi yno'n rhywle. Cyrraedd y gaer yn
chwys diferol ac yn benderfynol 'mod i'n mynd i gymryd
cadair-injan ar y ffordd i lawr. Caer 'di caer, ond mae
golygfa'n olygfa, a dim ond o'r uchel-gaer mae modd
gwerthfawrogi pa mor las ydi'r Ddinas Las mewn gwirionedd.
Arwydd o statws ydi'r lliw, a dim ond y *Brahmin*, y cast uchaf
un, sy'n cael peintio'u tai fel hyn. Mae'r wawr las yma'n taflu
ei llonyddwch dros y ddinas gyfan – dinas wedi ei thaenu hyd
y gwastadedd yr holl ffordd at y gorwel. Dim ond o'r gaer y
mae modd gwerthfawrogi'r bensaernïaeth hefyd, achos mae'r
holl dai 'ma fel pe baen nhw'n dal ar eu hanner – dinas gyfan
sydd ar gymaint o frys i dyfu fel nad oes 'na'r un tŷ ynddi wedi
ei gwblhau. Mae pob un wedi cyrraedd dau neu dri llawr ac,
wrth ymestyn am y nesa, wedi penderfynu fod hynny'n
ddigon am y tro. Dyna'r fantais o fedru mwynhau tywydd
sy'n caniatáu i do fod yn stafell wely, neu'n fwyty, yn weithdy
neu'n dŷ golchi neu'n gae criced – unrhywbeth ond
cefndeuddwr i gawodydd di-baid o ddŵr glaw.

Dros swper fe fu Carol yn dweud fel y cafodd hi ei magu
yn Lloegr a Chanada, a'i bod hi wedi treulio peth amser yng
Nghymru pan oedd hi'n blentyn. 'Magwraeth berffaith i
slob slei', meddai llais ryw hen hen baranoia ym mêr fy
esgyrn i. Ond, ar ôl i ni deithio'r byd yn trafod sefyllfa'r
Ffrangeg yng Nghanada a'r Saeson yn Hong Kong, fe
gofiodd hi am un profiad oedd hi wedi ei gael yng
Nghymru. Ym Mhen Llŷn, a hithau'n blentyn yn chwarae

efo criw o blant lleol, y sylweddolodd hi, meddai hi, nad oedd pawb yn y byd yn medru siarad Saesneg. Felly, lle bynnag arall oedd hi wedi teithio, roedd Cymru fach wedi dysgu un wers bwysig iddi. Wedyn fe ddechreuodd hi siarad am ei phartner.

'Mae o'n athro hefyd. Dydan ni ddim yn bwriadu priodi. Ond ti'n gwybod fel mae hi yn yr India, dwi wastad yn gorfod cyfeirio ato fo fel fy ngŵr i i gadw'r dynion draw!'

Mae'r un llwy yn gwneud y tro i droi sawl paned o de, meddwn i wrthaf fi fy hun yn ddistaw bach.

Ffarwelio efo Carol, ac ar ôl synfyfyrio am sbel nesh i sylwi bod 'na rywbeth yn wahanol am y machlud heno. Sylweddoli mai'r hyn oedd yn wahanol oedd fod 'na gymylau yn yr awyr. Dwi ddim yn meddwl i mi weld yr un cwmwl ers i mi fod yn y wlad 'ma, ac fe lwyddon nhw i droi machlud cyffredin yn awyr o farwydos byw.

Gorwedd yn fy ngwely yn melltithio cloc rhywun arall oedd yn mynnu taro bob pum munud, a llwyth o gŵn oedd yn udo'n barhaus. Doedd fiw gwisgo'r plygiau, roedd rhaid codi'n gynnar yn y bore.

Mynd efo Cynan i'r briodas
1 Rhagfyr

Dydi gwthio Cynan trwy strydoedd cefn Jodhpur ddim yn cael ei awgrymu fel gweithgaredd gwerth-chweil ym mharagraffau Y Llyfr. O'r eiliad welais i'r car oeddwn i i deithio ynddo fo, ro'n i wedi'i fedyddio fo'n Cynan. Roedd o'n fawr, yn grwn ac yn wyn, a phan glywais i o'n tuchan a chwythu mwg mewn rhyw lais bas, styfnig, ro'n i'n gwybod fod hwn yn rhy hen a pharchus i gychwyn am hanner awr wedi saith yn y bore. Ar ôl tipyn o chwys a chwerthin fe gychwynnodd, ac fe ges innau fy hun yn eistedd mewn car, a hynny am y tro cyntaf ers wythnosau.

Roedd o'n brofiad digon od cael sedd gweddol gyfforddus a radio i wrando arni, ond yn fwy na dim, be oedd yn rhyfedd oedd y teimlad o deithio trwy ganol y torfeydd, a chael ffenest rhyngof fi a nhw. Er 'mod i ymysg pobol, roedd gen i'r un peth gwerthfawr yna nad oedd gen i ddim mohono fo ar gadair-injan, sef fy ngofod bach fy hun. Ro'n i'n teimlo'n well pan oedd 'na wal rhyngof fi a'r bobol o 'nghwmpas i. Allai neb gyffwrdd â fi. Dwi ddim yn siŵr os nesh i fwynhau teimlo felly ai peidio, ond roedd o'n brofiad byw iawn.

Ro'n i'n hel meddyliau fel hyn achos 'mod i'n chwythu gormod i siarad efo Imran, y gyrrwr, nac efo Marco, fy nghyd-deithiwr; ond o dipyn i beth fe wellodd pethau, ac fe ges i ar ddeall fod Marco'n gweini byrddau yng ngwestai'r Hague – er bod ei Saesneg o'n ddigon da i westai Betws-y-coed – a'i fod o newydd gychwyn ar daith chwe mis. O holi'r gyrrwr, doedd y car ddim yn hen o gwbwl, a dweud y gwir roedd o reit beth'ma 'mod i wedi awgrymu'r ffasiwn beth! Austin Ambassador newydd sbon oedd o, yn llawn o chwaeth gwaetha'r Indiaid – carped blodeuog ar bopeth, ar lawr, ar y drysau, ar y silff-ben-bonat ac ar y to, llenni amryliw ar y ffenestri a ffwr artiffisial ar y seddi. 'Runig beth o'i blaid o oedd y sbrings rhyfedda oedd rhyngof fi a gerwinder y ffordd.

Un wythïen fawr ddu oedd yn cludo cerbydau o galon y ddinas i ganol yr anialwch, ac ar ôl bod ar honno am hanner awr, fe droiodd Imran yn ddirybudd rhwng dau gactws, a'n gyrru ni i ganol y tywod. Doedd y ddau gactws yma ddim gwahanol i unrhyw ddau gactws arall ar ymyl y ffordd, a doedd dim arwydd arbennig bod angen troi, ond roedd Imran i'w weld fel pe bai o'n gwybod be oedd o'n ei neud. Troi i'r dde wrth berth, ac i'r chwith wrth y fiaren fawr, ac er y gallwn i daeru ein bod ni wedi bod yno o'r blaen, roedd Imran i'w weld fel pe bai o'n gwybod be oedd o'n ei wneud…

Wrth yrru, roedd o'n egluro i ni ein bod ni ar ein ffordd i weld rhai o bentrefi'r Bishoni, ac yn adrodd peth o'u hanes nhw i ni. Llwyth bychan ydi'r Bishoni (dim ond ryw naw can mil ohonyn nhw sy'n bod) sy'n credu bod pob ffurf ar fywyd yn sanctaidd. Eu gair nhw am naw ar hugain ydi *bishoni*, ac mae o'n cyfeirio at naw egwyddor ar hugain cadwraeth, y rhai mae'r bobol yma yn byw wrthyn nhw ers i Jambohji, eu harwr a'u sylfaenydd, eu hamlinellu nhw iddyn nhw'n y bymthegfed ganrif. Mae rhai wedi marw dros eu cred, a hynny ganrifoedd cyn i neb glywed am Swampi. Ym 1730, pan oedd gwŷr y Maharaja yn chwilio am goed i'w torri, fe brotestiodd un wraig trwy gydio mewn coeden a gwrthod gollwng ei gafael. Fe laddwyd y wraig, Amritdevi, a thri chant chwe deg a dau o bentrefwyr Khejadali a ddilynodd ei hesiampl.

Fe arhoson ni nid nepell o'r pentref, wrth ymyl llyn, i syllu ar y ceirw a'r adar ac un llwynog bach nerfus yn aros i yfed ac i bori. Wrth syllu drwy'r sbienddrych roedd rhywun yn medru gweld y nerfusrwydd, y cryndod byw 'na sydd dan groen pob anifail gwyllt. Ro'n i ar dân isio tynnu llun, ond dwi'n gwybod 'mod i wastad yn cael fy siomi. Yn amlach na pheidio mae lluniau o anifeiliaid mor farwaidd nes gwneud iddyn nhw edrych fel pe baen nhw wedi cael eu stwffio. Ella bod y bobol sy'n credu bod y camera'n dwyn yr enaid yn iawn. Uwchben y llyn ac wrth ymyl y lle bu Amritdevi farw, roedd fwlturiaid yn troi fel croesau duon yn yr awyr ac yn ein hatgoffa ni i gyd bod cynlluniau ar y gweill i godi maes awyr newydd Jodhpur ar y tir yma.

Troi eto rhwng miaren a draenen a chyrraedd pentref bychan bach. Gan fod bywyd mor sanctaidd i'r bobol hyn, llefrith, caws, menyn, iogwrt ac ambell i gnwd oedd yn eu cynnal o ddydd i ddydd. Eglurodd Imran mai'r pentrefwyr hyn a'u tebyg oedd yn gyrru'r beiciau modur oeddan ni wedi'u gweld ar y ffordd o'r dref, a'u bod nhw'n cario'r llefrith yn y caniau oedd yn crogi o boptu'r olwyn ôl.

Ond unwaith gyrhaeddon ni'r pentref doedd dim llawer o fywyd o gwmpas y lle. Ar ôl crwydro am ryw chydig, mi ddaeth 'na ddau neu dri o blant bach busneslyd i'r fei o rywle, a'n harwain ni at y ffynnon lle'r oedd pawb wrthi'n molchi. Cael ar ddeall fod 'na briodas yn y pentre heddiw. O holi, fe ddeallon ni mai'r priodfab oedd un o'r bechgyn oedd wedi'n harwain at y ffynnon, yr un oedd wedi ei wisgo mewn siwt wen, tyrban coch, mwclis o dinsel lliwgar a chleddyf bychan mewn gwaun goch. Roedd o'n chwech oed. Yn un o'r pentrefi cyfagos oedd ei wraig o'n byw, ac mi roedd hi newydd ddathlu ei phen-blwydd yn bedair. Doedd Marco na finna ddim yn credu'r peth, ond wrth weld bod y bachgen yn ganolbwynt y sylw, a bod pawb yn paratoi a chael eu llwytho ar gefn tractor a moped a beic, doedd gynnon ni ddim dewis ond dymuno pob lwc iddo fo.

Erbyn meddwl, ella'i fod o'n syniad da iawn – doedd o ddim yn nerfus, a dweud y gwir roedd o'n amlwg yn mwynhau'r sylw ac yn gweld dim rheswm dros boeni.

Wedi dweud hynny, dwi'n siŵr ei fod o'n gwneud y profiad o dyfu i fyny yn un od iawn. Byddai hi'n eistedd ar sgwâr y pentref yn wyth oed a gweld ei gŵr yn sgragyn tenau di-lun. Yntau'n gweld pwtan dew yr un mor ddi-lun. Yn ddeuddeg oed ella y bydd hi'n dal ac yn denau ac ar goll ym mhlygiadau'i sari, ac yntau'n bedair ar ddeg, yn un o blorod boliog droedfedd yn fyrrach na hi. Erbyn y bydd hi'n bymtheg fe fydd pob bachgen fydd hi'n ei weld yn ddelach na'i gŵr, ac ymhen y flwyddyn fydd ganddi ddim dewis ond mynd i fyw ato fo ac fe fydd yntau'n gorfod anghofio am ei gariad ar sgwâr y pentref.

Gadael y pentref i'w ddathliadau a mynd i chwilio am hen ŵr sy'n gweu yr un carped ers hanner canrif. Y Sais sy'n holi, 'pa mor hir yw darn o linyn?' wel, mae'n debyg mai hwn ydi'r boi i ateb y cwestiwn. Yn ôl stori Imran, mae rhai o'r teulu yn nyddu'r gwlân ar hen olwyn debyg i'r un oedd ymhlith eiddo prin Gandhi, ac yn creu un pellen fawr ddiddiwedd o edafedd trwchus. Hwn ydi'r gwlân mae'r hen ŵr yn ei ddefnyddio fel asennau i'w garped. Mae'r wennol yn hedfan yn ôl a blaen rhwng yr asennau ac yn creu carped digon bras tua tair troedfedd o led. Mae'r teulu yn torri'r carped unwaith mae'r hen ŵr wedi gweu tua deg troedfedd o hyd. Ond dal ati mae o, a hynny ers tua hanner canrif – meddai Imran.

Ar ôl arddangosfa fer iawn o weu roedd hi'n amser paned. Gosodwyd un o'r carpedi ar lawr, ryw fath o *'here's one I made earlier',* a gosodwyd y tri ohonan ni – Marco,

Imran a finna – i ista arno fo. Eisteddodd yr hen ŵr gyferbyn â ni a gorchymyn un o'r merched a oedd yn y cysgodion i ddod â the. Fe gynigiodd o *bidi* i mi, sigarét fechan tua dwy fodfedd o hyd wedi ei lapio mewn deilen tobaco – dau gyfle i gael cancr! Mae'n dda nad ydw i ddim yn smocio. Wedyn fe ddechreuodd o siarad. Doedd Imran ddim yn cael cyfle i gyfieithu chwarter be oedd o'n ddweud, ond rhwng y wên oedd yn tywynnu trwy'r sudd baco yn ei fwstásh a'r direidi oedd yn pefrio o'i lygaid o, roeddan ni'n gwybod ein bod ni i fod i fwynhau ein hunain. Roedd o'n ddoeth ac yn ddifyr ac yn chwerthin am ben ein diniweidrwydd bydol ni mewn ffordd oddefgar braf.

Wedyn fe ddaeth y gwahoddiad.

'Tyd efo fi!' Codi ac arwyddo i mi ddilyn. Mewn stumiau huawdl fel hyn y cynhaliwyd gweddill ein sgwrs ni hefyd.

Llygaid lled y pen ar agor, bys ar y frest. 'Pwy fi?' meddaf fi.

Chwipio'i law o'i flaen a cherdded i ffwrdd. 'Wrth gwrs! Tyd!'

Codi a theimlo 'mod i wedi cael fy newis o blith cynulleidfa'r pantomeim i fynd ar y llwyfan. Dilyn. Ei weld o'n diflannu i mewn i ryw gwt ymhen draw'r cowt. Edrych yn ôl at fy ffrindiau teirawr am gefnogaeth, a chael dim byd ond gwên braf yn ôl. Dilyn.

Fe safai'r hen ŵr yng ngwyll y cwt yn edrych arnai ac yn dal ei ddwylo o'i flaen ac yn eu symud i fyny ac i lawr y mymryn lleia.

Codi fy nwy law yn yr awyr. 'Dwi'm yn deall!'

'Run stumiau eto. Finna'n ateb yn yr un modd.

Roedd o'n mynnu dal ei ddwylo o'i flaen a'u symud

nhw i fyny ac i lawr yn gyflym. Yna fe wawriodd arna i be oedd o'n trio'i ddweud.

'Tynna dy drowsus!'

Fy llygaid led y pen ar agor, fy ngên yn disgyn dair modfedd, 'Pwy fi?'

Llygaid yn troi tua'r nenfwyd yn chwerthin ar fy mhen i. 'Dim ond chdi a fi sy 'ma hyd y gwela i!'

Ryw swildod nerfus, y math o beth sy'n amlygu ei hun wrth i rywun drio agor ei felt, yn cael ei foddi gan ymwybyddiaeth fod y dyn bach rhy hen ac eiddil i ymosod arna i beth bynnag. 'Iawn, am wn i.'

Sefyll yno'n fy nhrôns. Ro'n i'n sefyll mewn cwt ynghanol yr anialwch, filltiroedd y tu allan i Jodhpur yn Rajasthan, gogledd yr India, yn gwisgo dim ond fy nhrôns a chrys-T 'Twll Tin i'r Cwin' efo hen Indiad pedwar ugain oed, heb syniad yn y byd be oedd yn mynd i ddigwydd nesa.

Fel digwyddodd hi, fe estynnodd o blanced wen o rywle a'i thynnu hi am fy nghanol i. Fe afaelodd o mewn dau gydyn o'r blanced, lle'r oedd hi'n cyfarfod o gwmpas fy motwm bol i, a'u clymu nhw. Wedyn fe gymerodd o'r chwarter oedd ar ôl ar y chwith, ei wthio fo rhwng fy nghoesau i a'i dycio fo i lawr y cefn rhwng y blanced a'r trôns, cyn gafael yn y chwarter ar y dde a'i bletio fo'n gynffon tua pedair modfedd o led, stwffio y naill ben iddo fo i lawr heibio fy motwm bol i a chodi'r llall i'r cefn lle diflannodd y pen cynta un. Yn sydyn ro'n i'n gwisgo *tuti*! Cyn fy ngyrru allan i ŵydd y gynulleidfa, mi ges i grys yr oeddwn i bedwar maint yn rhy fawr iddo fo i'w wisgo, a thyrban coch a melyn digon o ryfeddod. Es i allan rêl boi, i gymeradwyaeth fy nghyd-deithwyr a chwerthin swil merched y cysgodion. Doedd dim cweit gymaint o arswyd ar wyneb Marcus pan arweiniwyd o i'r cwt ymhen draw'r cowt.

Eistedd wedyn yn siarad efo Imran. Mae'n siŵr ei fod o wedi gweld y sioe 'ma droeon, ond fe gelodd ei ddiflastod yn dda iawn, chwarae teg iddo fo. Bron nad oeddwn i'n ddigon o foi erbyn hyn i fentro un o'r sigaréts, ond fe fyddai ffit o beswch yn ddigon i ddifetha fy hyder newydd i. O holi, ges i ar ddeall fod yr hen foi yn ben teulu mewn tŷ lle'r oedd deunaw yn byw o bedair cenhedlaeth. Ei dri brawd oedd berchen y tri tŷ arall yn y pentref, ac roeddan nhw'n wehyddion hefyd. Ro'n i wedi sylwi bod rhai o ferched y tŷ yn cuddio'u hwynebau, a rhai eraill ddim. Yn ôl Imran y gwahaniaeth oedd fod y gwragedd heb orchudd yn ferched i'r hen ŵr, a'r lleill yn ferched-yng-nghyfraith iddo fo. Pan gyrhaeddodd Marco yn ei ôl fe gafodd pawb baned arall o de, a sigarét, a chyfle i dynnu lluniau.

Codi, newid, ysgwyd llaw.

'*Baksheesh*, syr?'

Rhoi deg rupee i'r hen ŵr a rhannu gwên a chyfarchion anghyfiaith cyn ei adael i weu ei linyn diderfyn, a disgwyl y teithwyr diniwed nesaf o'r gorllewin y medra fo werthu atgofion iddyn nhw am ddeg rupee.

Cyn cychwyn y car, fe gymerodd Imran amlen o bapur newydd a gwagio llond cledr ei law o bowdwr gwyn i'w geg. Ffisig da at ddiffyg traul, medda fo – roedd o'n edrych fel tasa fo'n gwybod be oedd o'n ei wneud.

Aros efo teulu arall cyn troi yn ôl am brysurdeb y ddinas. Roedd rhain hefyd yn gwneud carpedi, ond eu bod nhw chydig yn fwy addurniedig na rhai'r creadur cynt. Yr un patrwm oedd ar ddwy ochr y carpedi yma, a hwnnw'n batrwm oedd erioed wedi cael ei osod i lawr ar bapur, ond yn un oedd wedi cael ei drosglwyddo o ben y mab hynaf i'w fab hynaf yntau ers cenedlaethau. Tra roedd y gwehydd yn gweithio, roedd ei fab hynaf o, oedd rhywle rhwng teirblwydd a phedair, yn chwarae rhwng ei goesau ac o gwmpas ei freichiau, rhwng asenau gwlân y carped ac o flaen y wennol wrth iddi wibio heibio. Doedd hyn ddim yn niwsans, meddai'r dyn, fel hyn oedd y patrwm yn mynd i mewn i ben y genhedlaeth nesa.

Crochenydd oedd y cymydog, ac fe allai hwnnw hudo siapiau o'r awyr efo'i ddwylo chwim. Roedd ei wylio fo fel gwylio sioe hud a lledrith. Doedd ganddo fo ddim olwyn orllewinol, yr hyn oedd ganddo fo oedd craig ar siâp hanner powlen fawr. Roedd o'n gwthio'r graig nes bod honno'n troi'n wyllt a chwil yn ei phwysau, wedyn mi fydda fo'n gosod ei glai arni. Ymhen dim roedd ganddo fo bot a chaead, cadw-mi-gei a phowlen, a chan nad oedd o am wastraffu'i amser yn siarad roedd y tri ohonon ni'n troi i adael cyn pen pum munud.

Doedd prynhawn yn y gwres a'r llwch ddim yn dygymod â Chynan, a doedd o ddim yn teimlo'n dda ar y ffordd adra; cyn cyrraedd y gwesty fuo rhaid i ni aros mewn garej achos roedd Imran yn clywed sŵn od yn yr injan. Sut oedd o'n medru clywed dim byd odiach na'i gilydd ymhlith holl ocheneidiau'r hen Gynan wn i ddim – ond wedyn doeddwn i ddim wedi cael dyrniad o'r ffisig. Roedd hwnnw'n siŵr o fod yn gwneud lles i'r clyw hefyd!

Mynnodd Imran dalu am gadair-injan i fynd â'r tri ohonon ni'n ôl i'r gwesty, a dyna sut y gwnes i sylweddoli cyn lleied o'r ddinas fawr las yma oeddwn i wedi ei weld wrth grwydro o gwmpas y farchnad a'r cloc a'r gwesty a'r gaer – roedd hi'n enfawr, a bywyd yr hen ddinas, lle ro'n i wedi bod yn crwydro, mor amherthnasol i'w thrigolion ag amgueddfa.

Erbyn i ni gyrraedd yn ôl roedd hi'n amser swper. Cael pryd anferth fel rhan o'r fargen am y daith, a chan 'mod i heb gael cinio roedd pob tamaid yn cael ei werthfawrogi. Ffeirio llyfr efo Marco, a chael stori dditectif ysgafn yn lle Papillon druan. Mi gawson ni gwmni ryw Iddew ymhonnus dros fwyd.

'Oes 'na unrhywle sy'n gwneud bwyd iawn yn y ddinas 'ma?' medda fo, gan wthio plât o rywbeth hynod o debyg i be o'n i'n ei fwyta oddi wrtho'n ddirmygus. Ro'n i ar fin ateb pan ddechreuodd o eto.

'Dwi wedi cael llond bol ar demlau a chaeri, ma nhw mor debyg i'w gilydd pan wyt ti wedi gweld cymaint â dwi wedi'i weld.'

Mentrodd Marco ddweud, 'ma 'na farchnad neis iawn yma'.

'Twll o le yn llawn pryfaid. Dwi am fynd i Goa!'

'Wel twll dy din di pharo. Cer i Goa. Mwynha pob munud, a gobeithio bydd dy locsyn bwch gafr di'n gagla i gyd erbyn i ti gyrraedd yno ac y gweli di, pan dynni di'r hances wirion 'na oddi am dy ben, nad oes gen ti ddim blewyn o wallt ar ôl,' medda fi wrthaf fi fy hun. Dwi'n meddwl 'mod i'n flin achos ei fod o wedi fy atgoffa i o sut dwi wedi teimlo o dro i dro, a'i fod o wedi difetha diwrnod bendigedig wrth wneud hynny.

Ffarwelio efo Marco a ffarwelio efo Carol. Roedd hi'n gadael ar y trên dros nos i Delhi, ac yn picio draw i Hong Kong i wneud wythnos neu ddwy o waith cyn ailgydio yn ei theithio. Cyn mynd, fe brynodd hi lemon soda i mi. Doedd o ddim mwy na diod o sgwash, ond ei fod o'n cael ei wneud efo sudd lemon go iawn. Chwarter gwydraid o sudd a photel fechan o soda. Digon i dynnu dagrau i'r llygaid ac i dorri syched holl anialwch y Tharr. Ac yn fan'no fydda i fory, os godai mewn pryd.

Chwilio am y gaer aur
2 Rhagfyr

Dal y bws am Jaisalmer, y gaer aur ar gwr yr anialwch.
Dinas ramatus, hafan ola dynoliaeth ar lan cefnfor sych
anialwch y Tharr; mi fydda i'n mentro iddo yng nghwch y
diffeithwch cyn bo hir. Clywed llais gyrrwr y gadair-injan.

'Ble mae dy wraig di?'

Roedd o wedi gofyn hyn hanner dwsin o weithiau
rhwng y gwesty a'r bws.

'Ble mae dy wraig di?'

Doedd gen i fawr o fynedd malu awyr efo fo am hanner awr wedi pump y bore, ond fe wawriodd arna i ymhen hir a hwyr mai holi ble'r oedd Carol oedd yr hen foi. Mae'n rhaid ei bod hi wedi gwneud cryn argraff ar y criw o yrwyr efo'i dulliau awdurdodol, a doedd dim diben trio egluro nad oeddwn i ddim yn ŵr iddi.

'Mae hi wedi mynd adra'n barod.'

Yn dawel bach ro'n i'n mwynhau'r syniad o fod yn ŵr iddi am funud neu ddau! Trist iawn, *very sad*!

Allwn i fod wedi mynd yn ôl i gysgu ar y bws ond fod 'na dwll yn y ffenest reit gyferbyn â 'nghlust i, a bod gwas bach y gyrrwr wedi codi ei lais un octef cyfan – 'Jaisalmer, Jaisalmer, Jaisalmer' medda fo am oes; ac fel roedd o'n paratoi i'w throi hi fe benderfynodd yr hen ŵr a'r hen wraig, oedd wedi bod yn sefyll wrth ddrws y bws ers deng munud, eu bod nhw am fynd i Jaisalmer wedi'r cwbwl. Gymrodd hi ddeng munud hir iawn arall i'w cael nhw i'w seti a chychwyn. Wedyn, ganllath i lawr y lôn, penderfynodd dau ddyn busnes eu bod nhw ar y bws anghywir, ac ar ôl ffrae efo'r gyrrwr barodd un hanner milltir arall, fe arhosodd y bws ac fe gafodd y ddau ddyn eu gollwng yn rhydd. Ymhen milltir neu ddwy arall fe arhosodd y bws eto a dechra bagio i lawr y ffordd fawr – roedd o ar goll! Haleliwia!

Aros ddwywaith ar y ffordd, unwaith am baned o de ac unwaith am bishad. Doedd dim cyfleusterau cyhoeddus ar ochr y ffordd, dim ond anialwch ac ambell berth gyfleus. Y dynion oedd yn cael y fraint o ymryddhau gynta, wedyn roedd y merched i gyd yn gadael y bws ac yn mynd ganllath i lawr y lôn i arbed eu hunain rhag eu swildod ac i arbed eu sari rhag beth bynnag oedd y dynion wedi'i adael ar ôl.

Sylwi, wrth wibio heibio, bod yna resi o dyllau ger ymyl y ffordd, y math o olwg fyddai Bendigeidfran ar ffon pogo yn ei adael ar ei ôl. Holi un o'r bobol oedd yn eistedd tu ôl i mi, a chael ar ddeall mai tyllau i storio dŵr oeddan nhw. Roeddan nhw'n llenwi yn ystod y tymor gwlyb ac yn cael eu defnyddio i ddyfrio'r caeau yn ystod y tymor sych.

Mae'r gyrrwr yma eto yn canu'i gorn yn ddi-baid, ond dwi'n meddwl 'mod i wedi sylwi ar batrwm. Mae 'na allorau bychain ar ochr y ffordd ymhobman, ac fel cerfluniau o'r Forwyn Fair yn yr Iwerddon, maen nhw'n ymddangos yn y llefydd mwya annisgwyl. Dwi'n ama ei fod o'n defnyddio'i gorn i addoli. Er ei bod hi'n anodd iawn gweld patrwm ymysg yr holl gnadu, dwi'n meddwl ei fod o'n canu ei gorn wrth fynd heibio i'r allorau ac yn cynnig ryw weddi fach fecanyddol i bob allor yn ei thro. Dwi ddim yn siŵr, ond fyddwn i ddim yn synnu.

Cyrraedd Jaisalmer, y Ddinas Aur – caer fawr ynghanol yr anialwch. Mae rhywun yn ei gweld hi o bell, fel pe bai Castell Caernarfon yn cael ei osod ar ganol Ynys Môn – rhyfeddol. Ond yn wahanol i Gaernarfon, mae pobol yn dal i fyw yn y gaer yma. Dod o hyd i'r gwesty bach oedd yn cael ei redeg gan gefnder Imran, yr oeddwn i newydd ei adael yn Jodhpur, trefnu stafell, a mynd am dro i'r dre.

Mae'r gaer ei hun yn llawn o strydoedd cul ac adeiladau uchel wedi crymu yn eu henaint, nes bod y lloriau uchaf bron yn cyffwrdd â'i gilydd ac yn bwrw'u cysgod dros y strydoedd islaw. Trefnu i fynd ar gefn camel i ganol yr anialwch. Mi fyddwn ni'n yr anialwch am ddeuddydd. Mi fyddwn ni'n cychwyn bore fory, a dwi'n edrych ymlaen yn arw...

Yn ôl i'r gwesty, ac eistedd i lawr yn yr haul i orffen hanes y dyn anweledig. Dwi ddim wedi cael llawer o flas arno fo, mae'n rhaid cyfadda. Dwi ddim yn meddwl y byddwn i wedi sylwi ei fod o wedi diflannu tasa fo'n ffrind i mi.

Cael cyrri ardderchog yn y Natraj, bwyty bach y tu allan i furiau'r ddinas – o'r diwedd dwi wedi cael bwyd Indiaidd sy'n well na be fyddwn i'n ei gael adra.

Gorwedd yn fy ngwely yn gwrando ar y distawrwydd, ac yn edrych ymlaen at gyfarfod fy nghamel bore fory.

Cysgu dan y sêr
3 Rhagfyr

Ddechreuodd petha ddim yn dda. Ro'n i'n mynd i orfod treulio'r ddeuddydd nesa yng nghwmni'r dyn yma a'i gamel, a doedd 'run o'r ddau isio siarad efo fi. At hynny, doedd gen i neb arall i siarad efo nhw. Ro'n i ar gychwyn i ganol yr anialwch efo un dyn a dau gamel, a doeddan nhw ddim yn edrych fel y cwmni gora'n y byd! Ro'n i wedi brasgamu draw i'r stop camelod yn barod am uchafbwynt fy nhaith ac i gyfarfod y dynion a'r anifeiliaid oedd yn mynd i wneud hynny'n bosib. Un dyn oedd yn mynd i fod yn gwmni i mi, tywysydd a chogydd mewn un – a safai â'i gefn ata i yn siarad efo'i gamel. Fe barhaodd y sgwrs am tua pum munud, tra ro'n i'n disgwyl i gael fy nghyflwyno, ond ches i ddim.

Mae gwylio camel yn gorwedd yn brofiad rhyfedd. Mae o fel gwylio cadair glan môr hen ffasiwn yn plygu, cymalau camelog yn sbydu i gyfeiriadau amhosib, cyn gosod eu hunain mewn trefn berffaith. Fe dynnodd y dyn diarth 'ma yn ffrwyn y camel a'i lusgo fo gerfydd ei ffroenau nes bod ei drwyn o ar lawr. Wedyn, ymhen hir a hwyr, fe benderfynodd y camel bod rhaid i weddill ei gorff o ddilyn y trwyn. Safodd yno'n crynu fel pe bai o ar fin neidio allan o awyren heb barasiwt, cyn disgyn yn drwm ar ei bengliniau. Wedyn fe arhosodd o ar ei liniau yn gweddïo fod ei din o – oedd ymhell i fyny yn yr awyr – yn mynd i gyrraedd y ddaear yn saff. Ar ôl peth cryndod yn y chwarter ôl, cyflawnodd y gamp. Ond nid dyna ddiwedd y stori, toedd y gadair ddim wedi'i phlygu'n dwt eto, rhaid i gluniau'r camel gael eu gosod yn daclus dan ei geseiliau, tu blaen gynta, tu ôl wedyn. Cyflawnodd hynny gydag ochenaid o dywod a awgrymodd na fyddai o byth yn codi.

Mae gwylio camel yn gorwedd a gorfod dychmygu bod ar ei gefn o pan mae o'n codi yn brofiad dychrynllyd!

Mynnodd y gyrrwr gael fy sach i a'i osod ar un o'r pegiau oedd ar gyfrwy'r camel, doeddwn i'n dal ddim wedi cael cyflwyniad iddo fo na'r dyn. Wedyn fe orchymynnodd 'mod i'n eistedd ar y cyfrwy. Doedd camel yn gorwedd ddim cyn uched â cheffyl, ond doedd dim gwarthol, ac roedd 'na gryn dipyn o waith dringo – a doedd y dyn bach ddim am helpu! Cyrraedd y cyfrwy, a theimlo fel pe bawn i ar reid yn y ffair a honno ar gychwyn. Roedd y cryndod o chwith tro 'ma wrth i'r camel baratoi i godi. Wedyn, wrth i'r cymalau sythu, ges i fy hyrddio am yn ôl, cyn cael fy nhaflu ar fy nhrwyn ymlaen eto, fy nharo'n ôl a 'ngosod yn daclus ar fy nhin drachefn. Pan nesh i agor fy llygaid ro'n i tua deuddeg troedfedd oddi ar y ddaear – ac yn symud! Doedd dim amdani ond gafael yn dynn a gwenu.

A dyna lle'r o'n i, ar gefn camel ar stryd fawr Jaisalmer, ac ar ben fy hun. Bodlonodd y bychan arwain ei gamel o oddi ar lawr, a 'ngadael i yn farchog unig i ddifyrru ei ffrindiau yn gynnar ar fore dydd Sadwrn. Dilyn yn daeog am rai milltiroedd. Weithiau roeddan ni'n helpu i yrru praidd o eifr at eu porfa yn yr anialwch. Dro arall ro'n i'n cyfarch y plant oedd wastad yn bresennol, ond fod rhain yn gweiddi 'ta-ta' yn lle'r 'helo' bondigrybwyll – ro'n i'n teimlo fel taswn i ddim yn dod yn ôl. Dro arall roedd o'n fy arwain i trwy goedwig denau o fieri tal – oedd ddim yn broblem iddo fo, ond oedd yn fy chwipio i yn fy wyneb yn ddidrugaredd, a finna ddeuddeg troedfedd oddi ar lawr. Ymhen sbel fe arhosodd yntau i farchogaeth ei gamel, ond doedd o'n dal heb ddweud yr un gair wrthai.

Erbyn hyn roeddan ni mewn be ellid ei alw'n anialwch, mae'n debyg. Doedd o ddim yn fôr o dywod melyn yn estyn ymhell at y gorwel, fel pe bai'n tywallt allan o'r haul, ond roedd o'n anial ac yn llawn llwch. Milltiroedd o gerrig mân a thywod a chactws.

Roedd cerddediad y camel yn eitha hudolus a digon hawdd dod i arfer efo fo, er bod rhywun mor uchel i fyny yn yr awyr. Yr unig broblem oedd y drewdod. Mae camelod yn nodedig am ddiodda o wynt, ac roedd taith y camel o 'mlaen i'n cael ei hatalnodi gan y rhechfeydd mwya dychrynllyd, a finna, gan 'mod i'n dilyn y tu ôl, yn marchogaeth yn erbyn y gwynt, fel petai. Ymhen hir a hwyr fe ddaethon ni i gyffiniau pentref, ac at ymyl ffynnon brysur. Roedd 'na griw o ferched, a buches o wartheg godro wrth y cafn dŵr, ac er mawr ddifyrrwch i bawb o 'nghwmpas i, fe gydiodd y bychan yn ffroen y camel a'i lusgo fo tua'r llawr. Mae'n siŵr bod wyneb y dyn gwyn wedi bod yn gyff gwawd am oriau!

Rhoi diod i'r camel ac anelu at goeden gyfagos. Gan bod y ddau ohonon ni'n cerdded efo'n gilydd roedd rhaid iddo fo ddweud rhywbeth. Fe arhosodd o nes ein bod ni wrthi'n clymu'r camelod cyn cyflwyno'i hun.

'Arjun.'

'Arwel.'

'Pa wlad?'

'Cymru. Ti'n gwybod am Gymru?'

'Ydw. Pobol dda.'

A dyna ddiwedd ar ran hawsa'r sgwrs. Wrth helpu i dynnu cyfrwy'r camelod ges i gyfle i holi tipyn amdanyn nhw. Raja oedd fy nghamel i, a Pepi oedd ei gamel o. Roedd y naill yn ddeg oed a'r llall yn chwech oed. Dyna'r ail sgwrs amlwg wedi'i sbydu.

Wedyn fe osododd Arjun dair carreg fawr yn gylch, hel coed tân a'u cynnau, a mynd ati i goginio. Fe droiodd ei gefn atai i gyflawni ei orchwylion, felly fe nesh inna wneud fy hun yn gyffforddus yn y cysgod a mynd ati i ddarllen fy nofel dditectif. Roedd y llyfr yn gwmni da – Duw a ŵyr be

wnawn i hebddo fo. Dwi ddim wedi cael trafferth siarad efo
neb hyd yn hyn ar y daith, ond mae hwn yn mynd i fod yn
dalcen caled. Tydw i'n gwybod dim am rygbi, llai am bêl-
droed a llai byth am griced, ond rywsut dwi ddim yn
meddwl y byddai hyd yn oed hynny'n helpu. Diolch i
Dduw am lyfrau. Er nad ydi Arjun am siarad efo fi, mae 'na
lu o gymeriadau amheus sy'n perthyn i isfyd yr Eglwys
Gatholig ac adran yr heddlu yn Efrog Newydd sy'n fodlon
fy nifyrru i pryd bynnag dwi'n awyddus i lenwi'r tawelwch.
Ond os oedd y llyfr yn gwmni da, doedd y goeden fawr o
help. Roedd ei chysgod eiddil yn symud cyn gyflymed â'r
bysedd ar fy oriawr, ac yn cynnig llai o gysgod, a chyn
wiried â 'mod i wedi gorffen un bennod roedd rhaid i mi
ddilyn y cysgod chydig o raddau ymhellach.

Cyn pen dim fe drodd Arjun ata i efo gwên fawr ar ei
wyneb − roedd cinio'n barod, a chwarae teg roedd hi'n
wledd. Te poeth a nŵdls, efo llysiau Indiaidd a bara *chapati*
ffres wedi eu coginio ar y tân. Bwyd blasus oedd yn llenwi
ac yn rhoi esgus i mi ganmol, a chyfle i mi holi chydig yn
rhagor.

'Oes gen ti frodyr a chwiorydd?'

'Oes, tri brawd. Ond maen nhw'n byw efo fy rhieni.'

'Be maen nhw'n neud?'

'Fi ydi'r unig un sy'n gweithio i'w cadw nhw i gyd.'

'Ers faint wyt ti'n gweithio efo camelod?'

'Mae gen i drwydded ers deng mlynedd.'

'Trwydded? Sut beth ydi honno?'

Ar hynny fe ddangosodd o'i drwydded i mi, un felen
blastig efo'i enw a'i lun ac wedi'i harwyddo gan yr heddlu
lleol, oedd yn nodi ei fod o'n haeddu cael bod yn yrrwr
camelod am y flwyddyn hon. Os byddai heddlu'r anialwch

yn ei ddal o'n gyrru camelod heb ei drwydded, fe fydda fo a'i gwsmeriaid yn cael eu gyrru adra ar eu hunion. Mae'n rhaid iddo fo neud cais am drwydded newydd bob blwyddyn, ac os oedd unrhyw un yn cwyno am ei ymddygiad fe allai ei cholli hi. Roedd o wedi trio gweithio mewn siop, medda fo, ond doedd o ddim yn mwynhau cael pobol yn dweud wrtho fo be i'w wneud, roedd yn well ganddo fo gamelod!

Wedyn fe droiodd i ffwrdd eto i olchi'r llestri; ond yn lle eu golchi nhw efo dŵr fe'u golchodd nhw'n y tywod. Roedd hon yn ffordd effeithiol iawn o olchi, achos roedd y tywod sych yn glynnu wrth y bwyd gwlyb ac yn ei dynnu oddi ar y plât, ac wedyn doedd dim byd gwell i roi sglein ar blât haearn na sgwrfa iawn gan don ar ôl ton o dywod – roedd popeth yn edrych fel newydd ar ôl iddo fo orffen.

Gorwedd am awr dda'n darllen cyn cychwyn ar y daith drachefn tua dau y prynhawn. Sylwais i'n syth fod gen i un fantais fawr dros Arjun druan – mae gen i bledran fwy na fo o'r hanner. Tra roeddan ni'n diogi ac yn disgwyl i ail hanner y daith gychwyn, mae'n rhaid ei fod o wedi codi i biso hanner dwsin o weithiau neu ragor.

Beth bynnag, fe ddaeth yn amser i ailgychwyn; ond cyn hynny roedd rhaid ailgyfrwyo'r camelod, ac roedd hynny'n bantomeim ynddo'i hun. Camelod unlwmp oedd Raja a Pepi, a'r dilledyn cynta oeddan nhw'n wisgo oedd y peth tebyca i glogyn offeiriad, cwrlid pinc efo twll yn y canol ar gyfer y lwmpyn. Wedyn, roedd rhaid gosod dwy glustog o flaen y lwmp a dwy y tu ôl iddo fo, oedd yn codi'n bigyn efo'r lwmp ac yn creu bachyn cyfforddus i osod y cyfrwy arno fo. Roedd 'na dwll ynghanol y cyfrwy i fynd am y lwmp, a sêt o boptu, a'r cyfan yn clymu oddi tano fel cyfrwy cyffredin. Roedd 'na sach o fân ŷs yn mynd ar y cefn, roedd yn rhaid i'r camel druan gario'i ginio'i hun, ac ar ben hwnnw wedyn roedd fy mwyd i a 'ngwely i, ynghyd â'r holl drugareddau oedd eu hangen i wneud bwyd i ddau. Ro'n i'n dechrau deall pam bod criw o gamelod yn cael eu galw'n garafan!

Yn ôl Arjun roeddan ni ar ein ffordd i'r twyni. Môr o dywod melyn yn tywallt o'r haul… Pan gyrhaeddon ni, doedd o ddim yn haeddu'r lluosog, a phrin bod y twyn yma yn cystadlu efo'r pwll tywod sydd gan Dafydd bach a Gethin wrth ddrws y cefn. Ond dyna ni, pump o'r gloch y prynhawn a dyma'r llety am heno.

Hel coed tân tra roedd y bychan yn piso ac yn gwneud swper. Wedyn nesh i fanteisio ar hynny o olau oedd ar ôl i ddarllen be fedrwn i. Mwy o nŵdls, llysiau a bara, a rhyw fwydiach Indiaidd arall oedd yr un ffunud â Monster Munch oedd i swper; ac anifeiliaid a thôn unigryw clychau'r camel a'r afr a'r ddafad oedd hyd a lled ein dau funud o sgwrs… hynny a'r ffaith mai torri cerrig fyddai Arjun oni bai am ei waith efo'r camelod. Roeddan ni wedi teithio heibio i griwiau o chwarelwyr yn ystod y dydd. Roedd y graig yn agos at wyneb y ddaear, ac roedd modd cloddio amdani efo caib a gordd, unig gnwd y darn yma o'r byd.

Gosod ein gwlâu am saith – dim ond deuddeg awr tan y
wawr.

Planced ar y tywod a dwy blanced drostai. Y bwyd yn
domen o dan y cyfrwy tu cefn i ni a'r ddau gamel wedi eu
clymu efo penffyst a fflethar o boptu i ni. Roedd 'na Indiaid
Cochion rhywle dros y gorwel yn gyrru negeseuon mwg
efo'r cymylau oedd yn codi oddi ar dân coch y machlud, a
rhywle dros y gorwel arall roedd 'na gowbois budur yn yfed
coffi ac yn poeri baco i dân digon tebyg i'r un oedd yn
mudlosgi y tu ôl i mi.

Trio darllen wrth olau torts tra roedd Arjun yn 'gwneud
dŵr'. Cael cwmni ambell bryfyn busneslyd oedd yn
cerdded ar hyd y geiriau am eiliad neu ddwy, ond yn
dangos llai o fynadd na fi efo Pabyddion eithafol, oedd yn
crwydro'r byd yn lladd plant bach oedd wedi eu cenhedlu'n
artiffisial, ac yn cael eu herlid gan blismon byw-am-byth. Y
pryfaid oedd yn iawn. Cyn pen dim mi flinodd batri'r dorts
hyd yn oed, a 'ngadael i yno'n y tawelwch tywyll yn effro
fel y gog.

Gorwedd yno'n syllu ar y sêr ac yn gwrando ar
greaduriaid y nos yn siarad. Fesul un fe ddaeth yr angylion
allan i fusnesu, pob un a'i seren yn dorts. Dau neu dri o rai
go bowld i gychwyn, ac wedyn wrth eu sgwyddau nhw fe
ymddangosodd un neu ddau o rai llai hyderus, ac wedyn
degau a channoedd o rai swil yn sbecian i weld be o'n i, o
bawb, yn neud yn gorwedd ar y tywod ym mhen pella
Rajasthan. Ymhen sbel roedd creaduriaid y nos wedi

dechrau canu grwndi, ac roedd hi fel pe bai pob angel wedi cymryd ei ffôn mudol i ffonio adra i ddweud ei fod o neu hi yn mynd i fod yn hwyr ar gyfer swper gan fod rhaid iddyn nhw aros i weld be oedd yn digwydd i'r diawl gwirion 'ma o Gymru oedd yn dewis cysgu allan ar noson mor oer.

Tybed 'nath y doethion erioed orwedd dan y sêr fel hyn, yn methu darllen am fod eu canhwyllau newydd ddiffodd, a'u tinau nhw'n brifo o fod wedi marchogaeth mor bell, ac yn trio gwrando ar furmur y sêr, ac yn clywed dim byd ond eu camelod yn taro'r rhechfeydd mwya drewllyd o'u cwmpas nhw? Tybed pa gymhariaethau oeddan nhw'n eu gwneud? Tebyg i be oedd y sêr iddyn nhw? Tebyg i be oedd cleber y nos?

Gweld y map o sêr o fy mlaen i yn rhyfedd o debyg i'r môr o oleuadau oedd yn batrwm di-batrwm oddi tanai wrth i mi ddisgyn yn bendramwnagl ddi-droi-nôl i mewn i faes awyr Delhi fywyd cyfan yn ôl. Methu dychymygu'r bygythiad oedd ymhob un o'r goleuadau hynny'r noson honno, pob pâr yn lygaid yn perthyn i ryw fwystfil neu'i gilydd, a'r un cysgod yn cynnig cysur o fath yn y byd.

Diawl ro'n i isio piso. Canolbwyntio ar drio cysgu er mwyn anwybyddu'r rheidrwydd i biso, ond fod y rheidrwydd i biso yn fy nghadw i'n effro. Codi yn y diwedd, gan drio peidio meddwl am y bwrlwm bywyd oedd yn llusgo o dan fy nhraed i. Piso. Cael hyd i fy ngwely yn y tywyllwch a throi ar fy ochr yn fodlon iawn fy myd.

Erbyn hyn dwi wedi cyrraedd pen draw fy nhaith. Fe fydd pob cam o fa'ma yn gam yn ôl am adra, a fawr ddim i edrych ymlaen ato fo ond cyrraedd.

Troi yn ôl o ben draw'r byd...
4 Rhagfyr

Y peth cynta nesh i ei weld ar ôl deffro oedd y lleuad yn crechwenu'n euog arna'i, fel pe bai o wedi cael ei ddal yn dwad adra ar ôl bod allan trwy'r nos. Doedd y lleuad ddim yn y ffurfafen o gwbwl neithiwr, ac yn ôl Arjun, oedd yn siaradus iawn peth cynta'n y bore, mi fyddai rhaid disgwyl tair noson arall cyn gweld y lleuad yn ystod y nos. Pharodd y lleuad a'r haul ddim yn yr awyr yn hir efo'i gilydd, cyn i'r lleuad doddi fel pelen o eira ddoe ac i'r haul ddringo i'w orsedd am ddiwrnod arall.

Mynd am dro bach o amgylch y camp, a gweld olion y parti oedd wedi bod yma neithiwr. Ôl-traed bychan bach ymhobman – adar, llygod, trychfilod, a llwybrau nadroedd fel traffyrdd trwy'r canol.

Tra roedd Arjun yn tynnu'r fflethar oddi ar goesau Raja druan, nesh i holi pam oedd o wedi cael ei gadw mor gaeth dros nos. Yn ôl ceidwad y camelod, roedd hi'n dymor priodasau ar gamelod, yr un fath yn union â dynion, ac roedd rhaid gofalu nad oedd Raja'n elopio! Fe ddaru o un tro. Rhedodd Raja druan am filltiroedd ar ôl ei gamelas, ac mi ddisgrifiodd Arjun i mi fel y bu 'rhaid' iddo fo a'i feistr gosbi'r camel trwy'i guro fo'n ddidrugaredd efo chwipiau haearn nes ei fod o'n crio. Mae'n debyg bod camel yn medru gwneud sŵn crio pan mae o'n drist iawn. Ond mae 'na broblem arall hefyd. Os oedd Raja a'i debyg yn cyrraedd y nod ac yn dal eu camelas dinboeth, unwaith roeddan nhw'n cychwyn arni roeddan nhw'n medru dal ati am hyd at dri chwarter awr! 'Dim ond tri chwarter awr?' medda finna. Erbyn meddwl, mae hynny'n egluro pam mai'r creadur hyllaf a mwyaf di-lun ar wyneb daear ydi symbol cariad i'r Indiaid!

Erbyn i ni gychwyn ar y daith roedd hi'n dechrau cynhesu. Wrth symud yn hamddenol i gyfeiliant y clychau oedd am wddw Raja, nesh i ddechrau meddwl be fyddwn i'n neud tasa Raja'n cael awydd mynd i hel merched, ac yn dechra carlamu rhwng y cactws. Fel o'n i'n meddwl hynny fe gliciodd Arjun ei dafod mewn ffordd arbennig, ac fe newidiodd Raja gêr, newidiodd rythm ei draed ac fe gynyddodd y refs yn y clychau – roedd o'n trotian! Ond trwy ryw drugaredd, doedd o ddim ar drywydd dynas, a doedd o ddim yn un i redeg o'i wirfodd, dim mwy na'i farchog, ac ymhen ryw ganllath fe nogiodd. Roedd Arjun yn deall hyn, ac fe roddodd o funud neu ddau i'r hen gamel ddod ato'i hun cyn clicio eto a'i yrru drot-drot tua'r gorwel.

Ymhen sbel fe ddaethon ni at adfeilion pentre bychan. Ro'n i wedi bod yn trio dychmygu pam fod pentre cyfan wedi mynd yn adfeilion fel hyn – pla neu sychder ella. Ond roedd yr esboniad ges i gan Arjun yn un gwell o'r hanner. Amser maith yn ôl roedd 'na ferch ifanc yn byw yn y pentra hwn efo'i mam a'i thad. Hi oedd y ferch brydfertha yn yr India gyfan a thu hwnt, ac roedd hi'n byw bywyd dedwydd yma efo'i theulu a'i chyfeillion. Un diwrnod fe arhosodd Maharaja Jaisalmer wrth ffynnon y pentre a mynnu diod iddo'i hun a'i geffyl. Pwy ddigwyddodd estyn y dŵr iddo fo ond hon, y ferch brydferthaf yn yr India. Disgynnodd y Maharaja mewn cariad â hi yn y fan a'r lle, a'i mynnu hi'n wraig iddo fo'i hun. Mynnodd hithau nad oedd dim modd iddi hi briodi neb o gast mor uchel, a hithau'n ddim ond merch gyffredin o bentre tlawd. Aeth y Maharaja at dad y ferch, ond fe ddywedodd yntau'r un fath. Doedd dim modd i'w ferch briodi tywysog. Gwylltiodd y Maharaja, a dweud y byddai'n ôl am hanner nos, ac, na fyddai'n gadael yr eildro heb y ferch. Pan ddychwelodd y Tywysog, fe sylweddolodd fod y pentre yn gwbwl wag. Roedd y ferch a'i theulu wedi dianc i'r gogledd i osgoi'r Tywysog cas, ac er mwyn osgoi cael eu poenydio a'u gorfodi i fradychu'r teulu fe ddihangodd gweddill y pentrefwyr hefyd, a does yr un enaid wedi byw yno byth ers hynny. Ŵyr neb i ble aeth y pentrefwyr a'u cyfrinachau, ond fe aethant heb adael dim ar ôl ond trysor o stori.

Allwn i fod wedi aros yno trwy'r dydd, ond roedd Arjun

ar frys i adael. Doeddwn i ddim isio dringo ar gefn y camel ar ôl cinio, yr unig beth a'm gwthiodd i i fyny oedd y syniad mai hwn oedd y tro ola. Roedd fy nhin i'n brifo a 'nghoesa i'n brifo a'n sgwyddau i'n brifo. Os oedd Raja yn mynd i lawr allt, ro'n i'n gwthio yn erbyn y cyfrwy i ddal fy hun yn llonydd. Effaith hyn oedd 'mod i'n teimlo fel pe bawn i wedi bod yn gwneud *press-ups* ers hanner can milltir. Doedd dim ots pa mor fychan oedd yr allt – os oedd trwyn Raja yn mynd at i lawr roedd ei du blaen o i gyd yn mynd i'r un cyfeiriad a finna'n dal hynny fedrwn i yn y cyfrwy efo 'mreichiau a 'nghoesau – erbyn hyn roedd o'n hunllef.

Nesh i anghofio am fy mhoenau am ryw eiliad a hanner pan welais i'r ddinas ryfeddol yma yn codi o'r tes ar y gorwel. Yng ngwenau haul canol dydd mae hi'n edrych fel pe bai hi wedi ei gwneud o aur yn llythrennol. Mae hi'n eistedd fel coron enfawr ar gorun bryn Trikuta. Mae'n werth diodda yn yr anialwch er mwyn ei gweld hi ar ei gorau, ac i ddychmygu'r beirdd yn carlamu tuag ati yn haul canol dydd ar y pumed o Ragfyr 1156 i ganu clodydd y tywysog Jaisala yn ei gaer newydd sbon. Mae'n debyg y byddai cleisiau'r cyfrwy'n fwy cyfarwydd iddyn nhw ac yn amharu llai arnyn nhw na fi!

Ar ôl cyrraedd yn ôl i'r ddinas fe adawodd Arjun fi yn y stryd, ymhell o'r gwesty, ond doeddwn i ddim yn mynd i gwyno, ac fe wyddai o hynny'n iawn. Roedd ein deuddydd dywedwst ar ben!

'Croeso adra!' meddai hogan y gwesty.

Adra? Doeddwn i ddim wedi clywed y gair yna erstalwm – mae'n amlwg ei bod hi'n falch o 'ngweld i! Cael cawod nefolaidd, ac ar ôl deuddydd yn y cyfrwy roedd hyd yn oed y gwely caled yn feddal tu hwnt. Cyn mynd i gysgu nesh i daro rhech – allwn i daeru ei bod hi'n drewi fel un camel.

Ar ôl cyrraedd adra o'r tŷ bwyta bendigedig o'n i wedi bod ynddo fo'r noson o'r blaen, nesh i benderfynu y byddai hi'n well i mi dalu i'r gwesty gan 'mod i'n gadael yn gynnar iawn yn y bore. Ond ges i fymryn o sioc.

'Dwy fil a chant o rupees os gwelwch chi'n dda.'

'Dwy fil a chant? Mil pump cant ydi'o!'

Roedd yr hen deimlad chwyslyd 'na yn fy nharo i eto. Roedd y saffari wedi costio ddwywaith be o'n i wedi feddwl fydda fo'n gostio, doedd gen i ddim digon o bres i dalu, ac roedd hi'n wyth o'r gloch ar nos Sul.

'Sori, alla i ddim talu. Allwch chi gymryd Master Card? Beth am sieciau teithio? Allwn i adael bob dim sydd gen i i chi. Na, fe fydd rhaid i mi aros diwrnod arall er mwyn cael banc. Ond mae'r awyren yn gadael ymhen deuddydd. Sori, dwi ddim yn gwybod be allai neud… '

'Paid poeni. Mae 'na rywle ar agor. Neith y bachan hyn fynd â ti!'

Am unwaith doedd y 'bachgen' ddim yn ddyn yn ei oed a'i amser, roedd o'n fachgen go-iawn, y peth ifanc eiddil gafodd drafferth cario 'mag i pan gyrhaeddais i'r gwesty echdoe! Roedd o'n disgwyl amdanai ar gefn ei foped, ac ro'n i i fod i gymryd lifft ganddo fo i'r dre. Doedd ganddo fo ddim goleuadau, un fraich oedd 'na yn y cefn i mi osod fy nhroed dde arni, roedd rhaid i mi osod fy nhroed chwith

ar fforch yr olwyn, drwch croen yr olew o'r sbôcs, ac mi
nesh i hyd yn oed chwerthin am fy mhen fy hun cyn gofyn
am helmed!

Doedd dim amdani ond mwynhau fy hun wrth i'r beic
ruthro trwy'r traffig a'r torfeydd yn chwilio am le oedd ar
agor fyddai'n newid arian yr amser yma ar nos Sul. Gwibio
heibio i rannau o'r ddinas newydd do'n i heb eu gweld –
strydoedd llydan braf a marchnadoedd eang oedd yn dal yn
brysur a swnllyd. Gweu trwy'r bobol a'r traffig, a
sylweddoli, er mawr ddifyrrwch i mi fy hun, mai'r unig
beth oedd yn gweithio'n iawn ar y beic oedd y brêcs.
Roedd teimlo'r gwynt yn tynnu fy ngwallt i yn fendith ar
ôl deuddydd ar gamel hamddenol. Erbyn i ni gyrraedd y lle
doeddwn i ddim isio i'r daith ddod i ben, a doeddwn i ddim
yn cofio'n iawn pam oeddwn i yno hyd yn oed.

Doedd petha ddim cystal ar y ffordd yn ôl. Droiodd y
moped i lawr ryw stryd gefn dywyll. Ro'n i'n cael cip ar
oleuadau'r gaer o dro i dro, ac o be o'n i'n fedru ddirnad
o'r olygfa roeddan ni.'n mynd i'r cyfeiriad anghywir. Cyn
pen dim roedd 'na lu o feddyliau duon yn casglu fel
cymylau o 'nghwmpas i. Roedd hwn newydd fy ngweld i'n
codi tair mil o rupees. Roedd o am fy ngyrru i ar fy mhen
i mewn i'w ogof o'i ffrindiau ifanc, oedd yn lladron ers
cenedlaethau. Doedd gen i ddim gobaith. Doedd dim iws i
mi roi fy nhroed yn y sbôcs neu fe fyddwn i a'r bachgen a'r
beic yn *bizza* ar lawr...

'Hei! Mae'r gwesty ffordd arall... '
'Na, mae o ffordd hyn hefyd... '
'A dyma'r ffordd i Nefyn hefyd 'mwn... '
Ella na ddalltodd o ddim am Nefyn, ond chwarae teg,
roedd o'n dweud y gwir am y gwesty. Roedd o wedi mynd

ar hyd y ffordd arall er mwyn osgoi'r traffig, medda fo. Roedd o'n poeni 'mod i ofn y prysurdeb ar y lôn fawr!

Ro'n i'n teimlo braidd yn dlawd yn cyrraedd fy ngwely, ond nesh i gogio-bach 'mod i wedi gorfod talu am y reid moto-beic, a rywsut ro'n i'n teimlo 'mod i wedi cael gwerth fy mhres!

Mwythau a moethau
5 Rhagfyr

Prin oeddwn i wedi deffro. Roedd hi'n hanner awr wedi pump, ro'n i mewn jîp tu allan i'r gwesty, oedd yn teithio tuag at fws – heb yrrwr. Pan godais i i ddal y jîp, pwy oedd yn gyrru, ond y fo, y bachgen oedd yn rhy ifanc i yrru moped hyd yn oed. Wrth i mi eistedd i lawr, mi gofiodd o fod rhaid iddo fo ofyn rhywbeth i'w fos. Ella mai mynd i ofyn ble oedd yr handbrec oedd o, achos roedd hi'n amlwg nad oedd o ddim yn gwybod. Ro'n i a'r jîp yn rowlio i lawr yr allt tuag at y lôn fawr, a doedd neb tu ôl i'r llyw. Nesh i ddeffro mewn chwinciad, ond cyn i mi neud dim, roedd y bachgen wedi neidio i'r sêt at fy ochor i, wedi jymp-startio'r jîp ac yn gwenu arnai fel tasa'r cwbwl wedi'i drefnu!

Dal y bws y tu allan i'r 'Slow Food Restraurant' – ddylwn i fod wedi gweld y rhybudd.

'Pa mor bell ydi'o, Mam?'

'Pa mor hir fyddwn ni, Dad?'

'Allwn ni ddim stopio? Plîîîîs?'

'Pasiwch o! Pasiwch o! Pasiwch o!'

'Dan ni 'di cyrraedd?'

'Paid â bod yn wirion. Goleuadau coch ydyn nhw!'

Taith felly oedd hi, ac arna i oedd y bai. Chwilio am Bikaner dros bob clawdd, er 'mod i'n gweld hyd at y gorwel pell, a bod dim cwt bugail yn y golwg, hyd yn oed. Ro'n i wedi darllen yn rhywle mai pum awr o daith oedd hi – mewn gwirionedd roedd hi'n ddeg. Roedd y bws yn aros bob dwy lath i godi'r bobol a'r trugareddau rhyfedda – batri car, tanc petrol, pastwn mawr a phedwar sach o rawn – roedd rhain yn y bws, Duw a ŵyr be oedd ar y to, wedyn roedd y cyfan yn cael eu gollwng drachefn ganllath neu ddau i lawr y lôn. Ro'n i'n poeni y byddai rhaid i mi adael Bikaner gyda'r troad er mwyn cyrraedd Delhi mewn pryd, ac os oedd y bws yn hwyr yn cyrraedd Bikaner, ro'n i'n hwyr yn cyrraedd Delhi. Ro'n i wedi gorffen darllen fy stori blisman ac wrthi'n darllen cyfrol o feirniadaeth lenyddol ar Thomas Hardy, a doedd hi ddim yn gwmni difyr. Rhwng popeth, hon oedd y daith hiraf o ddigon i mi fod arni!

Roedd pethau wedi dechra fy mhoeni i bob yn dipyn ers dyddiau. Sylweddoli 'mod i wedi cyrraedd pen y daith. Mam isio gwybod pryd oeddwn i'n cyrraedd adra. Dweud, neithiwr, yn fy mhanig, fod yr awyren yn mynd mewn deuddydd. Ro'n i wedi dechra sylweddoli 'mod i wedi cymryd tair wythnos i fynd wysg fy nhrwyn i ben pella Rajasthan, a rywsut fod rhaid i mi gyrraedd yn ôl i Delhi mewn deuddydd, achos mi fydda 'na awyren yno'n disgwyl amdanai... neu'n hytrach, fyddai hi ddim yn disgwyl amdanai.

Cyrraedd Bikaner, a chofio bod gen i gyfeiriad gwesty da oedd Dennis y Daniad wedi ei roi i mi. Ffeindio'r cerdyn yn nyfnderoedd fy nyddiadur a'i ddangos o'n ddiamynedd i'r gyrrwr cynta welais i wrth i mi gamu oddi ar y bws.

Mae'n rhaid 'mod i wedi cysgu ac yn breuddwydio. Fy noson ola mewn gwesty, a dwi'n cael lle nefolaidd. Gwely go iawn. Clustog go iawn. Erbyn hyn unig ystyr 'go iawn' i mi ydi meddal. Dwi'n medru nofio yn y gwely a thorri trwy'r clustog efo fy mhen, fel taswn i'n gyllell yn mynd trwy fenyn. Newydd ei drin mae'r gwesty, mae o mor newydd fe fuo rhaid iddyn nhw roi drych i fyny yn fy stafell i yn arbennig ar fy nghyfer i. Doedd dim ffurflenni i'w llenwi, roedd y staff yn glên... ac roedd rhaid i mi adael yn y bore! Roedd bod ar y gwely fel cyrraedd adra. Ro'n i wrth fy modd, ond eto roedd o'n gwneud gweddill y daith ymddangos fel pe bai'n estyn o 'mlaen i fel carchariad.

Wrth archebu swper, nesh i ofyn pryd oedd y bws cynta'n yn gadael yn y bore. Nesh i egluro bod fy awyren i'n mynd am ddeuddeg dydd Mercher, a bod rhaid i mi fod yn Delhi erbyn nos fory er mwyn bod yn saff o'i dal hi.

'Nonsens!' meddai'r boi. Erbyn deall roedd 'na drên dros nos yn gadael am wyth nos fory ac yn cyrraedd am wyth bore dydd Mercher. Taswn i'n dal hwnnw mi fyddai gen i ddiwrnod cyfan yma fory, ac fe fyddwn i'n cael sbario treulio dim mymryn mwy o amser yn Delhi na sydd raid. Doedd dim angen iddo fo egluro ddwywaith, nath o archebu'r tocyn i mi ac mi es inna i 'ngwely gan edrych ymlaen at beidio codi ohono fo am oriau lawer.

Dwi ddim isio mynd adra, dwi isio bod adra!
6 Rhagfyr

Nofio i'r wyneb yn ara deg iawn o waelod y môr o blu. Torri i'r wyneb, a chael croeso gan yr haul, oedd yn tywynnu'n ddisglair trwy'r ffenest. Roedd hi wedi deg, ac ro'n i wedi cysgu fel babi. Ar ôl pendwmpian chydig yn rhagor es i am gawod hir a phoeth – nid am 'mod i angen un, ond am ei bod hi yno. Cael brecwast yn yr haul a sgwrs ddifyr efo myfyriwr hanes o'r Eidal oedd yn gwneud doethuriaeth yn un o golegau Llundain, ar Faharaja Bikaner

– oedd yn dipyn o foi mae'n debyg. Dweud wrth hwn
'mod i'n archifydd, ac roedd o'n gwybod be oedd hynny –
rhyfeddol! Ei adael o'n hel meddyliau am ei ymweliad â'r
archifdy lleol a neidio i mewn i gadair-injan am un o'r
troeon ola, gan benderfynu 'mod i'n haeddu shêf iawn cyn
mynd adra.

Does dim ots be dwi'n neud heddiw, fe fydd popeth yn
cael ei wneud yng nghysgod y geiriau 'cyn mynd adra'.
Mynd am shêf er mwyn tacluso rhywfaint arnaf fi fy hun
oeddwn i, rhag ofn i mi beidio cael fy ngollwng allan o'r
India, neu fy ngadael yn ôl i mewn i Gymru; chydig
feddyliwn i y byddai shêf arall yn mynnu ei le ar dudalennau
fy nyddiadur i. Wel, ella mai nid y shêf fel y cyfryw, ond y
driniaeth ges i wedyn oedd yn haeddu sylw. Tro 'ma, ar ôl
gorffen ei waith eillio, aeth y barbwr yn ei flaen, fel arfer, i
dylino a mwytho gydag arddeliad. Fuo fo am sbel yn trin fy
nghorun i fel postyn ffensio, ac yn defnyddio'i ddwrn i
'nghuro i i mewn i'r ddaear. Wedyn roedd fy mhen i'n
ddrwm bach yn ei ddwylo fo – fy nhalcen i'n taro'r curiad
cyflym, a chefn fy mhen i'n cynnal y curiad araf. Ar ôl hyn
ddechreuodd o drin fy ngwallt i fel pe bai o'n llawn sebon,
ac er nad oedd o ddim, roedd o'n mynnu sgwrio 'mhen i
efo'i fysedd. Ymlaen wedyn i drin fy ngwâr i fel llian golchi
llestri, a thrio gwasgu pob diferyn o waed allan ohono cyn
rhoi'r un driniaeth i 'mreichau i. Gododd o rheini i rywle
tu ôl i 'mhen i lle nad oeddan nhw erioed wedi bod o'r
blaen, a'u gadael nhw yno tra roedd o'n curo fy nghefn i fel
pe bai o'n hen ffrind oedd o heb ei weld ers blynyddoedd.
Wrth i'r driniaeth arafu a dod i ben, ro'n i'n ymwybodol
fod llond siop o bobol yn gwylio'r perfformans, ond nad
oedd neb arall i'w gweld yn cael yr un gwasanaeth. Stwffia

nhw, roedd o'n brifo ond yn brifo'n braf, yr union beth oedd isio ar ôl taith hir ar fws, deuddydd ar gefn camel a mis yn cario sach ar fy nghefn. Mi dalais i fy nhri deg ceiniog; ac wrth i mi adael mi ofynnodd rhywun arall am yr un artaith – ella 'mod i wedi cychwyn ffasiwn newydd!

'A be oedd y peth gora nes ti tra oeddat ti i ffwrdd, ta Rocet?'

'Shafio!' Mi fydd hynna'n swnio'n od iawn – ond fydd o'n go agos at y gwir. Ond honna oedd fy shêf ola yn yr India.

Doedd hyd yn oed y gadair-injan ddim yn cynnig yr un wefr wrth wibio trwy'r traffig – roedd popeth yn fy atgoffa i o adra. Er bod Pacas, y gyrrwr, yn gweithio'n galed i roi tipyn o hanes y ddinas i mi, doedd o ddim yn serio'r dychymyg fel ag y bu. Gyrru trwy'r strydoedd i gyfeiliant ei sylwebaeth o, a'r cwbwl o'n i'n weld oedd cymeriadau o Gymru – Dafydd Wigley yn gyrru heibio ar foped, a Ronnie Williams yn gwerthu petha-da ar ochr y stryd.

Galw mewn teml. Teml Bahandasar, teml Jain, sydd bum can mlynedd oed. Ges i fy arwain o gwmpas gan geidwad y goleudy, hen arwr bach tew oedd heb shafio ac oedd yn gwisgo tanc-top glas dros ei lifrau mynachaidd. Erbyn meddwl, doedd o fawr o fynach, achos roedd ganddo fo fab. Ofynnodd y mab i mi os oedd gen i unrhyw geiniogau Prydeinig. Nesh i ymddiheuro nad oedd gen i ddim, a holi faint oedd ganddo fo.

'Naw deg a naw!' medda fo'n falch.

'Naw deg a naw o geiniogau o sawl gwlad?'

'Naw deg a naw o geiniogau, syr!'

'Be? Ceiniogau Prydeinig?'

'Ia! Dim ond un arall dwi angen, ac fe fydd gen i bunt yn bydd, syr?'

Roedd ei syniad o o gasglu ceiniogau yn un unigryw, ac ro'n i'n pitïo mai nid fi oedd yr un i roi'r ganfed iddo fo! Beth bynnag, roedd y sgwrs yma'n digwydd tra'r oedd yr hen ŵr yn disgwyl i mi dynnu fy nhraed allan o fy sgidiau chwyslyd. Doedd dim dau damed i'r deml i gyd, ond roedd y cyfan yn drawiadol o lliwgar, ac roedd gan fy nhywysydd stori fach am bob twll a chornel.

Llun o ugain o ddynion yn dwyn afalau ac yn cael eu herlid gan sarff.

'Tebyg iawn i'ch Gardd Eden chi, syr!'

Ia mae'n debyg – rai canrifoedd yn ddiweddarach, ella!

'Teilsen o Loegr. Mae'ch teils chi yn deils da, syr!'

'Dydi Cymru a Lloe… Diolch!' Ro'n i ar fy ffordd adra wedi'r cwbwl!

Ond y stori orau oedd honno am yr adeiladu. Pan adeiladwyd y deml ym 1514, roedd dŵr yn brin iawn, ac mae'n debyg eu bod nhw wedi defnyddio 40,000kg o *ghee*, menyn, i gymysgu'r sment, er mwyn arbed dŵr. Roedd fy ffrind yn mynnu fod yr adeilad yn dal i chwysu saim ar ddyddiau poethach na'i gilydd yn yr haf. Tynnu llun yr hen foi cyn gadael – dim ond un, achos ro'n i bron â gorffen fy ffilm a doeddwn i ddim isio dechra un arall cyn troi am adra…

'*Baksheesh*? Deg rupee am y gwasanaeth, syr?'

Tydi taith ddim yn daith heb alw mewn caer. Unig arbenigedd y gaer yn Bikaner ydi ei bod hi ar y gwastad yn hytrach nag ar ben bryn, a'i bod hi, er hynny, erioed wedi cael ei threchu gan unrhyw elyn.

Unwaith o'n i i mewn trwy ddrysau'r gaer ges i glustan arall gan Gymru – roedd y lle yn llawn cyfryngis. Wrth gwrs, os oes genno chi'r diwydiant ffilm mwya'n y byd mae'n siŵr fod genno chi'r diwylliant cyfryngis mwya'n y byd hefyd. Hyd yma do'n i heb weld yr un – ond roedd 'na gwmni cyfan ohonyn nhw'n y gaer yma. Roeddan nhw wrthi'n ffilmio'r rhan lle mae'r dyn hyll yn mynnu cael cusanu'r ferch ddel a'r cariad ifanc golygus yn aros ei dro i ruthro ymlaen a'i chipio hi i ffwrdd i garu dan y sêr. Y criw i gyd yn gwisgo siacedi mawr Michelin Man, er ei bod hi'n annioddefol o boeth, ac yn trin yr holl le fel pe baen nhw adra, achos eu bod nhw'n gwisgo bathodynnau-sy'n-eich-cael-chi-i-mewn-i-bob-man. Yr ymchwilwyr yn actio'n well na neb wrth guddio'u diflastod a'u huchelgais o dan haenen o frwdfrydedd a gwyleidd-dra. Cyfarwyddwyr a chynhyrchwyr y gallech daeru o'u difrifoldeb eu bod nhw'n brif-gwnstabliaid yng ngofal trychineb fwya'r oes, yn meddwl, 'dwi'n ennill gymaint, mae'n rhaid bod be dwi'n neud yn dyngedfennol'. Actorion bôrd (does dim gair go-iawn yn cyfleu'r peth yn union) yn chwilio am sylw, ond yn sylweddoli nad ydi eu Drama Fawr nhw'n ddim ond un ymysg miloedd sy'n digwydd o gwmpas y set. Y gwenau teg a'r gwgu gwenwynig, y fflyrtio a'r ffraeo, y crafu a'r pwdu. Rhywle mewn rhyw gornel mae rhywun yn trio cymryd y cwbwl o ddifri a bron a thynnu gwallt ei phen. Roedd y cyfan yn rhyfedd o gyfarwydd.

Beth bynnag, ro'n i'n trio mynd i mewn i'r gaer, ond

'mod i wedi bod yn disgwyl i ryw têc neu'i gilydd gael ei gwblhau'n foddhaol. Yr unig beth dwi'n gofio am fy nhaith o gwmpas y gaer ydi bod un o'r Maharajas yn greadur paranoid iawn. Roedd ganddo fo wely isel fel nad oedd neb yn medru cuddio o'dano fo, ac fel ei fod o'n medru cysgu a'i gleddyf wrth ei ochr a'i draed ar lawr yn barod i ymateb i unrhyw ymosodiad. Roedd 'na ddrych uwchben y gwely hefyd, fel ei fod o'n medru gweld os oedd unrhyw elyn yn agosáu – neu dyna eglurhad y tywysydd, beth bynnag!

Roedd y Maharajas diweddara, Ganga Singh a Karni Singh, yn wleidyddion eitha dylanwadol yn eu dydd, ac mae'n debyg mai dyna sut y llwyddodd hyd yn oed Lloyd George i fy atgoffa i 'mod i ar fy ffordd adra. Ynghanol rhai o drugareddau'r Maharajas, oedd yn cael eu cadw mewn mymryn o amgueddfa, be welwn i ond llythyr gan Lloyd George yn dymuno'n dda i'r hen ddyn. Mae'n debyg mai Ganga Singh arwyddodd Gytundeb Versilles ar ran yr India. Beth bynnag, fe gododd Lloyd George y felan arnai ac mi es i i chwilio am Pacas.

Yn ôl i'r Hassar Haveli am ginio, ac er nad oedd gen i stafell yno, ac yn fwy arbennig dim gwely meddal dwfn, mi ges i groeso a chinio – wedi'r cwbwl, roedd fy magiau i'n dal ganddyn nhw a doeddwn i ddim wedi talu eto! Cael sgwrs efo Paulo'r Eidalwr, oedd wedi cael bore wrth ei fodd. Roedd o wedi sôn wrth berchnogion y gwesty ei fod o'n mynd i'r archifdy, a thrwy ryw gyd-ddigwyddiad roeddan nhw'n perthyn yn weddol agos i'r Maharaja, felly fe gynigiodd tad y rheolwr fynd efo fo. Fe gafodd o groeso brenhinol, a gweld y ffeiliau oedd o ddiddordeb iddo fo; a phan ofynnodd o i ble allai o fynd i ddarllen y llawysgifau, fe gafodd ganiatâd i fynd â nhw efo fo i'r gwesty, ac fe ddywedon nhw y bydda fo'n cael rhagor pan fydda fo'n dod â'r ffeil gynta yn ei hôl. Fyddai hynna'n ddigon iddo fo golli'i swydd yn y Llyfrgell Genedlaethol!

Er bod Pacas yn ffrwd i mi weld rhagor o'r ddinas oddi ar gefn cadair-injan, nesh i dalu iddo fo, a gofyn iddo fo ddod yn ôl erbyn hanner awr wedi saith i fynd â fi at y trên. Treulio'r prynhawn yn paratoi ar gyfer y daith adra. Doedd gen i ddim awydd aros yn Delhi, ac o'r herwydd ro'n i wedi ei gadael hi braidd yn fain. Roedd y trên yn cyrraedd am wyth a'r awyren yn gadael am hanner dydd. Mi ddylai bob dim fod yn iawn – os oedd y trên ar amser. Pacio a dadbacio fy mag ar y lawnt fechan oedd ar do'r gwesty. Cael gwared â phob math o drugareddau, gan gynnwys tri toilet rôl – ro'n i'n gobeithio'n fawr na fyddwn i ddim angen y cwbwl yn y pedair awr ar hugain nesa!

Ddylwn i gyrraedd mewn pryd. Darllen Y Llyfr. Mae'r trên yn cymryd deuddeg awr ac mae'n drên pos,t felly mae'n tueddu i fod ar amser; ond gan nad ydw i wedi bod ar drên cyn hyn dwi ddim yn siŵr. Yn ôl Y Llyfr mae angen ffonio'r cwmni awyrennau i wneud yn siŵr fod yr awyren yn dal i fynd a heb newid ei hamser. Be os ydi hi'n mynd yn gynt? Roedd Y Llyfr hefyd yn rhybuddio bod angen talu 300 rupee o dreth ar y ffordd allan o'r wlad – fydd gen i ddim 300 rupee erbyn cyrraedd Delhi. Toc fe ddaeth perchennog y gwesty a chynnig trefnu'r cwbwl. Doedd dim isio poeni am y trên – mae o ar amser yn ddi-ffael, ac mae'r dreth wedi ei thalu ar docyn syml fel f'un i. Mi ffoniodd o'r maes awyr ac mae'r awyren yn gadael ar yr union amser sydd ar y tocyn. Ymlacio am chydig. Gobeithio fod y perchennog yn iawn...

Darllen, bwyta a thalu fy mil, a difaru na fyddwn i wedi cyrraedd y lle 'ma ddiwrnod neu ddau ynghynt. Ymhen hir a hwyr fe gyrhaeddodd Pacas i fynd â fi at y trên. Do'n i ddim isio *mynd* adra ro'n i isio *bod* adra.

Dwn i ddim os ydi hi'n weddus cymharu'r trên yma efo un o'r trenau oedd yn cario'r Iddewon i'r gwersylloedd, ond dyna'r ddelwedd ddaeth i fy meddwl i'n syth pan welais i'r cerbyd oedd yn mynd â fi i Delhi dros nos. Sarff fawr dywyll, ddwywaith neu deirgwaith hyd trenau Cymru. Cerbydau pren uchel heb unrhyw ffenestri na lliw, na rhif nag enw, na dim addurn o fath yn y byd. Sut oeddwn i i fod i ddod o hyd i gerbyd S37, gwely M14, ynghanol hyn i gyd? Ro'n i wedi bod yn yr India ers tair wythnos ac wedi bod trwy bob math o 'brofiadau', doeddwn i ddim yn disgwyl cael yr hen deimlad piso'n y 'nhrowsus 'na eto. Ro'n i ar fy ffordd adra, *ro'n i isio bod adra.*

Wrth syllu'n anghrediniol ar y trên, fe dynnodd rhywbeth fy sylw i. Ar y drws pren cyntefig roedd 'na allbrint cyfrifiadurol gwyn. Allai'r ddau beth ddim bod yn fwy anghydnaws. Ond yn fan'na, wedi ei osod ar y drws efo pin bawd, oedd rhif y cerbyd, rhif y gwlâu oedd ynddo fo, enw'r person oedd yn cysgu ymhob gwely, ei gyfenw, ei oed a'i ryw – roedd 'na ddiben i'r holl ffurflenni 'na wedi'r cwbwl.

Ymhen dim ro'n i'n y cerbyd priodol. Roedd o'n orlawn ac yn dywyll, a doedd y ffaith fod 'na rifau trefnus ar allbrint cyfrifiadurol ar y tu allan ddim yn golygu bod yr un peth yn wir am y tu mewn. Ar ôl brwydro trwy'r dorf oedd yn llenwi'r llwybr cul, efo dau sach ar fy nghefn, a dim syniad i ble ro'n i'n mynd, fe ddes i o hyd i M14. Chwe styllen bren dwy droedfedd o led, tair ar bob ochr a llwybr tair troedfedd rhyngddyn nhw, y naill yn crogi oddi ar y llall a'r cyfan yn berwi o bobol. Ro'n i'n siŵr mai hwn oedd fy ngwely i. Edrych eto a chael cadarnhad. Wrth i mi sefyll yno fe symudodd dau neu dri o bobol i neud lle i mi. Yn fa'ma o'n i i fod wedi'r cwbwl. Gwthio i mewn i'r gwely canol ar y chwith, gosod fy magiau yn glustog wrth y wal a thaenu fy hun ar y styllen fel caws rhwng dwy frechdan, cyn mentro dechrau edrych o 'nghwmpas.

Twll bychan efo bariau drosto fo oedd y ffenest, ac er bod 'na ffaniau awyru, doeddan nhw ddim yn gweithio, wrth reswm, ond unwaith o'n i wedi setlo roedd hi'n amlwg fod 'na drefn yn yr anhrefn. Roedd 'na hogyn gweddol ifanc a bachgen bach efo fo ar y ddau wely uchaf ar draws y llwybr. Roedd y bychan yn dioddef o ryw waedlif nad oedd dim modd ei rwystro ac yn gorfod mynd i weld arbenigwr mewn ysbyty yn Delhi. Roedd yr hen ŵr a'r hen wraig oedd ar y gwlâu gwaelod yn mynd i briodas yn y brifddinas, a'u plant nhw oedd y bobol oedd yn llenwi'r lle – yma i ffarwelio â'u rhieni oeddan nhw, doeddan nhw ddim yn teithio'r holl ffordd efo ni. O fewn dim roeddan ni'n gymuned fach ddiddan, a phawb wedi cael atebion i'r cwestiynau arferol am enwau a theulu, ac wedi rhannu mymryn o fwyd y naill efo'r llall – pawb ond y dyn ifanc aflonydd ar y styllen uwch fy mhen i, doedd neb yn gwybod dim amdano fo.

Unwaith y cychwynnodd y trên fe ddistawodd pethau, ac mi ddechreuais i feddwl sut ar wyneb daear oedd disgwyl i mi gysgu ar y fath wely yn y fath le. Be oedd yn waeth na dim oedd, gan 'mod i wedi cysgu mor dda neithiwr mewn gwely mor gyfforddus, doeddwn i ddim mymryn o awydd cysgu. Ond roedd symudiad y trên yn hudolus. Doedd o'n gwneud dim sŵn achos fod y peiriant – yn llythrennol, bron i filltir i ffwrdd, ac roedd o'n siglo'i bobol yn ôl a blaen i fyny ac i lawr fel babanod mewn crud. Mae'n rhaid mai gan y trenau yma mae'r sysbension gorau'n y byd. Ymhen dim ro'n i'n cysgu, ac er 'mod i'n cael fy neffro gan ambell i sgytwad o dro i dro, ro'n i'n cael yr argraff fod y trên wedi sefyll yn llonydd am rai oriau yn ystod y nos.

Pan ddeffrais i ro'n i'n Delhi. Doeddwn i ddim isio bod yn Delhi, ro'n i isio bod adra. Dydi Delhi ddim yn lle braf iawn, yn enwedig y peth cynta'n y bore. Mentro allan, a chael cynnig tacsi i'r maes awyr am 1000 rupee. Chwerthin yn braf a cherdded ymlaen. Cael cynnig un arall am 900 rupee – nesh i ddim hyd yn oed aros i wrando.

Camu allan o'r orsaf a chael y croeso disgwyliedig gan y gyrwyr. Bargeinio gydag arddeliad, achos ro'n i'n gwybod mai hwn oedd y tro ola y byddwn i'n gwneud y fath beth. Llwyddo i gael tacsi i'r maes awyr am 300 rupee, hanner be o'n i wedi'i dalu i fynd o'r maes awyr i'r ddinas. Teimlo'n braf 'mod i wedi cael y pris i lawr i'r hanner, ond doeddwn i'n dal ddim yn gwybod os oeddwn i wedi talu pris teg ai peidio – roedd yr amheuaeth yna'n dal yn swmbwl yn y cnawd.

Gyrru heibio i rai o olygfeydd y ddinas oedd yn lled gyfarwydd i mi. Gyrru heibio i ddinas oedd yn deffro, a sylweddoli ei bod hithau, fel pob dinas arall yn y byd, yn edrych ar ei gwaethaf y peth cynta'n y bore.

Gyrru heibio i gadeiriau-injan, a sylweddoli na fyddwn i byth yn gweld peth felly eto. Cofio'r reid gynta, a gwenu. Ceryddu fy hun am ddechrau edrych yn hiraethus ar Delhi hyd yn oed. Sut fyddwn i ymhen y mis? Fyddwn i'n pitïo na fyddwn i wedi derbyn cynnig y 'smygliwr'? Fyddwn i'n sôn yn ddalog am y diwrnod hunllefus hwnnw yn Udaipur fel 'un o brofiadau'r teithiwr'? Fyddai'r boen o gleisiau cyfrwy'r camel wedi dofi ddigon i mi fod isio mynd ar gefn camel eto? Fyddai trên neithiwr yn oleuach ac yn wacach?

Teimlo rhyw ryddhad mawr yn dod drostai. O'n i'n falch 'mod i'n mynd adra? Oeddwn debyg – ond nid dyna be oedd chwaith. O'n i wedi cael amser caled? Na, ddim o gwbwl. Doeddwn i ddim wedi 'dod o hyd i mi fy hun' nac wedi penderfynu aros yn yr India am byth; ond ro'n i wedi cyflawni rhywbeth – roedd breuddwyd wedi dod yn wir. Eistedd yng nghefn y tacsi yn synfyfyrio fel hyn, a dal fy hun yn chwibannu – rhywbeth nad oeddwn i ddim wedi ei wneud ers wythnosa.

'Eich enw, syr?'

'Arwel.'

'Pa wlad?'

'Cymru. Ydych chi'n gwybod am Gymru? Prydain Fawr?'

'A! Dach chi'n byw yn Lloegr!'

'Na, dydi Cymru a Lloegr ddim yr un fath!'

'Dach chi wedi mwynhau'r India, syr?'
'Do. Do, dwi wedi mwynhau.'
'Cofiwch ddod yn ôl! *Baksheesh* i'r gyrrwr, syr?'